지속가능한 세상을 위한 청소년 시리즈 08

처음 만나는 자폐

초판 1쇄	2024년 1월 17일
지은이	박재용
편집	김영미
그림	소소한일상
디자인	design KAZ
제작	공간
펴낸곳	이상북스
출판등록	제313-2009-7호(2009년 1월 13일)
주소	10546 경기도 고양시 덕양구 향기로 30, 106-1004
전화번호	02-6082-2562
팩스	02-3144-2562
이메일	klaff@hanmail.net
ISBN	979-11-980260-7-1 43300

함께 살아가기 위하여

서로 다른 우리가

지속가능한 세상을 위한 청소년 시리즈 08

박재용

처음

만나는

자폐.

이상
북스

일러두기

이 책에서는 자폐가 있는 이를 자폐인, 자폐가 없는 경우를 비자폐인이라고
부르겠습니다. 자폐가 장애인지 장애가 아닌지에 대해서는 논쟁이
있습니다만 이 책은 자폐가 장애일 수도 있고 그렇지 않을 수도 있다는
입장입니다. 그래서 간혹 장애라는 점을 드러낼 필요가 있을 때는
자폐스펙트럼장애라는 표현을 사용합니다.

왜 우리가
자폐를 알아야 할까?

사회에는 다양한 사람이 살고 있습니다. 이들은 어떻게 구분하는가에 따라 다수가 되기도 하고 소수가 되기도 해요. 가령 한국인 부모에게서 태어난 왼손잡이 남자 비장애인의 경우 한국인이란 점에서 한국에서는 다수고, 남자로서도 다수며, 비장애인으로서도 다수지만, 왼손잡이라는 점에서 소수입니다. 여기서 소수란 단지 수가 적다는 의미만 가지지 않아요. 사회의 지배적 기준과 가치에 반하는 위치로서 차별과 편견의 대상이 되는 사람을 가리킵니다.

차별과 편견은 노골적인 경우도 있고 다수는 거의 의식하지 못하고 소수자만 느끼는 경우도 있지요. 예를 들어 왼손잡이는 오른손잡이에 비해 소수죠. 외국인은 최소한 한국에서 아직 소수입니다. 반면 조상 대대로 한반도에 살았던 이들은 다수예요. 여성은 수로는 남성과 별 차이가 없지만 사회적 인식으로는 소수자입니다. 한부모가정은 양부모가정에 비해 소수입니다. 또 부모 없이 조부모와 사는 경우는 더 소수입니다. 성적 취향이 이성애자가 아니어도 소수죠. 그리고 장애인도 소수자입니다.

이 책은 자폐와 자폐를 가진 이들에 관한 이야기지만 또 우리 사회의 소수자에 관한 이야기이기도 해요. 자폐인은 초등학생과 중학생이 가장 많이 접하는 소수자입니다. 또 초등학생과 중학생이 가장 많이 접하는 장애인이 발달장애인이고 그중에 자폐장애인이 가장 많습니다. 그런데 자폐를 가지지 않은 사람은 자폐인의 행동에 대해 거의 아무것도 모르는 경우가 많아요. 이 책을 읽는 여러분도 마찬가지겠죠. 이 책을 통해 여러분이 자폐장애인을 조금 더 세심하게 이해하게 되면 좋겠습니다.

같은 반에서, 같은 학교에서, 등하굣길에서, 운동장에서, 급식실에서 매일 만나는 자폐장애인에 대해 좀 더 잘 알고, 그들이 나와 다른 행동을 하는 이유와 소수자로서 겪는 삶에 대해 이해하는 것을 통해 소수자 전반에 대한 구체적 이해를 넓힐 수 있다고 생각합니다.

그리고 그 과정에서 사회적 다양성에 대해서도 생각해 보면 좋겠습니다. 자폐가 단순한 장애가 아니라 이 사회에 다양성을 더해 주는 긍정적 역할을 한다는 점도 발견하면 좋겠고, 이런 다양성이 사회를 더 풍부하고 더 풍요롭게 만든다는 점도 알게 되면 좋겠습니다. 자폐뿐만이 아니겠지요. 지체장애나 지적장애를 가진 이들, 성적 취향이 다른 이들, 가족 구성이 다른 이들, 피부색이 다른 이들 모두 소중한 존재입니다. 서로 다름으로 인해 더 소중한 우리들이 함께할 때 사회가 더 아름다울 수 있다는 점을 알아 가는 데 이 책이 조금이라도 도움이 되면 좋겠습니다.

2024년 1월

박재용

3장.
자폐를 가진 사람이
있어야 할 장소

4장.
'자폐'라는 장애

5장.
다양성과
자부심으로서의
자폐

1 장.

자폐행동 이해하기

가만히 있으면 자폐인은 비자폐인과 구분하기 힘듭니다. 겉으로 드러나는 특징이 없기 때문이죠. 하지만 찬찬히 이들의 행동을 보면 비자폐인과 다른 점이 눈에 띕니다. 의미 없는 행동이나 말을 반복하기도 하고, 남의 말을 자꾸 따라 하고, 목소리도 애기처럼 높고 말투는 어색하죠. 상황에 맞지 않는 말이나 행동을 하고, 자기 머리를 쥐어박기도 해요. 수업시간에는 계속 딴짓을 하고 남의 몸을 함부로 만지기도 합니다. 하지만 세상 모든 일에 원인이 있듯이 이들의 행동에도 나름대로 이유가 있습니다. 그 이유를 알게 되면 조금 더 자폐인을 이해할 수 있지 않을까요?

"얘는 왜 맨날
몸을 흔들어?"

예시 상황

　　동동 중학교 1학년 제아는 하굣길에 우연히 초등학교 동창 지수를 만납니다. 6학년 때는 그리 친했는데 서로 다른 중학교에 진학하고서는 한참을 만나지 못했죠. 오랜만에 만난 친구라 학원을 '째고' 같이 놀기로 합니다. 분식집에서 떡볶이를 시키고는 한참을 떠듭니다. 학교 선생님 이야기, 같은 반 친구 이야기, 학원 이야기... 시간 가는 줄 모르고 이야기를 하던 중에 제아는 승빈이 이야길 합니다.

제아와 같은 반인 승빈이는 자폐인입니다. 승빈이는 수업시간에 자주 몸을 흔들어요. 어떤 경우에는 수업시간 내내 의자에 앉아서 끊임없이 몸을 앞뒤로 흔들죠. 처음에는 반 친구들이 승빈이에게 뭐라고 했지만 이제 포기한 상태입니다. 워낙 몸을 흔드니 자리도 제일 뒤쪽이에요. 승빈이 뒤에 앉으면 수업에 집중하기가 힘들다고 반 친구들이 하소연했기 때문이죠.

"어쩜, 힘도 들지 않나 봐. 계속 흔들어. 자폐는 다 그런 거니?"

"어머! 너네 반에도 자폐가 있어? 우리 반 단우란 애도 자펜데 걔는 몸을 흔들진 않아."

지수네 반 단우도 자폐입니다. 단우는 승빈이처럼 몸을 흔들진 않지만 대신 손이 문제입니다. 단우는 수업시간에 종종 두 손을 귀 옆에 올리곤 계속 돌립니다. 보지 않으려고 해도 자꾸 눈이 가니 문제죠. 반 친구들은 흘깃흘깃 단우를 보게 되고 수업에는 도무지 집중을 못합니다. 결국 단우도 제일 뒷자리에 앉습니다.

상동행동

몸을 앞뒤로 흔들거나 손을 돌리는 등 같은 행동을 계속 반복하는 것을 상동행동이라고 합니다. 자폐를 가진 이들 중 상당수가 이런 상동행동을 해요. 앞의 예시 상황처럼 단순한 동작을 반복하기도 하고 조금 복잡한 행동을 반복하기도 합니다.

가령 책을 일렬로 세우는 행동을 반복하는 경우도 있습니다. 그것도 순서를 딱 외워서 그대로 세웁니다. 맨 앞에는 국어책, 그 다음은 수학책, 그리고 소설책 등 매일 같은 순서로 바닥에 책을 일렬로 세웁니다. 책만이 아니라 다른 물건도 세워요. 공룡, 모형 자동차, 인형 등을 순서대로 세우는 거죠.

혹은 소리를 반복해서 내기도 해요. 우린 보통 다른 사람과 의사소통을 하기 위해 말을 하는데 자폐 친구는 그런 의도가 아니라 그냥 혼잣말을 합니다. 학교에서 간혹 본 적이 있을 거예요. '아이아아 오이우어'처럼 아무 뜻도 없는 소리를 반복하기도 하고, '주말에는 놀아야지, 주말에는 놀아야지' 하며 같은 말을 반복하기도 합니다.

상동행동은 원래 자폐가 아니어도 감각행동이 발달하는 시기인 생후 9개월에서 18개월 사이에 흔하게 나타납니다. 이를 통해 뇌의 감각 영역이 발달하는 거죠. 자폐가 아닌 경우 다섯 살 정

도가 되면 이런 행동은 사라집니다.

우리 뇌에는 각각의 감각을 느끼고 처리하는 영역이 있습니다. 대뇌의 특정 부위에 시각 영역, 청각 영역, 전정기관 영역, 후각 영역, 미각 영역, 촉각 영역이 자리 잡고 있죠. 그리고 이 영역들은 외부 감각 자극을 일정하게 유지하려는 경향이 있습니다. 즉 미각이나 촉각, 시각, 청각 등 다양한 영역에서 만족할 만한 수준의 감각을 요구하는 거죠. 무의식중에 손가락으로 책상을 톡톡 친다든가, 이어폰으로 음악을 듣는 것, 배가 고프지 않은데 괜히 뭔가 먹고 싶어지는 등의 현상입니다.

일반적으로 이런 외부 자극은 기본으로 주어지는 것만으로도 충분해서 별문제가 되지 않습니다. 하지만 자폐인 중에는 뇌의 특정 감각 영역이 발달하지 않은 이들이 많아요. 그래서 특정 감각의 외부 자극을 계속 요구하게 되는데, 이를 채우려고 반복적인 행동을 하게 되는 것입니다. 가령 몸을 앞뒤로 계속 흔드는 건 중력이나 회전감각에 대한 부족함을 채우려는 것이고, 의미 없는 말을 계속하는 것은 특정 소리에 대한 자극이 부족한 걸 메우려는 것이죠. 촉각 자극이 부족할 때는 손을 흔들거나 쥐었다 펴는 동작을 반복하는 모습을 보이기도 합니다.

반대로 감각이 너무 예민한 경우에도 상동행동이 나타납니다. 뇌의 특정 감각 영역이 일반에 비해 과하게 발달한 경우예요.

이렇게 되면 아주 사소한 자극에도 견디기 힘들어서 긴장하거나 불안해질 수 있습니다. 이를 해결하기 위해 스스로 다른 자극을 만들어서 거기에 집중하는 것이죠. 그래서 혼자 있을 때는 반복행동을 하지 않다가 사람이 많은 곳이나 공공장소에서 상동행동을 하는 모습을 보이는 경우가 많습니다. 다른 사람들의 말소리가 청각 영역을 자극하는데 그것이 비자폐인이 느끼는 것보다 훨씬 강해서 고통스럽습니다. 그래서 상동행동을 통해 다른 감각 영역을 자극함으로써 문제를 해소하는 것이죠. 이런 자폐인은 대중교통을 이용할 때 두꺼운 헤드폰을 착용하기도 합니다. 다른 사람의 말소리나 소음을 차단해서 상동행동을 막으려는 것입니다.

교정하기보다 인정하기

본인에게 해가 되지 않는다면 상동행동은 그 자체로 좋거나 나쁜 행동이 아닙니다. 다만 주변 사람들이 그런 모습을 이상하게 바라보는 것이 문제죠. 물론 자폐인도 사회에서 살아가기 위해 특정 상황에서 타인에게 불편을 주는 과도한 상동행동을 하지 않도록 훈련하면 좋겠지요. 실제로 그런 훈련과 교육 과정을 거치기도 하고요. 그런데 그런 교육과 훈련을 해도 상동행동을 제어하기 힘든 자폐인이 있습니다.

이를 바라보는 우리가 알아야 할 것이 있어요. 첫 번째는 그 자폐인이 일부러 주변 사람을 곤란하게 만들려고 상동행동을 하는 것이 아니라는 것입니다. 두 번째는 이런 상동행동이 자폐인에게 꼭 필요한 행위라는 것이죠. 그래서 자폐인의 상동행동을 억제하려 하는 것은 자폐인에게 굉장히 힘든 긴장상태를 계속 견디라고 강요하는 것이 될 수 있습니다. 또 상동행동의 원인이 뇌의 특정 감각 영역이 발달하지 않거나 과하게 발달했기 때문이라 완전히 없앨 방법도 없습니다. 중요한 것은 상동행동을 교정하려 하기보다 자연스럽게 있는 그대로 인정하는 태도를 갖는 것입니다.

함께 생각해요!
부자연스럽고 불편하게 느껴지는 말이나 행동을 하는 친구를 대하는 자신의 태도에 대해 생각해 봅시다.

"자꾸 말을 따라 해"

한참 선생님이 수업을 하고 있는데 갑자기 정호가 말을 꺼냅니다. "열차가 들어옵니다. 승객 여러분께서는 한 발 물러나셔서 안전한 경계선 밖에서 기다려 주시길 바랍니다."

옆자리의 아이들은 정호를 힐끗 보더니 다시 선생님에게 고개를 돌립니다. 뭐, 어제오늘의 일이 아니니까요.

정호는 한 번 더 말합니다. "열차가 들어옵니다. 승객 여러분께서는 한 발 물러나셔서 안전한 경계선 밖에서 기다려 주시길 바랍니다."

다시 아이들이 정호를 흘깃 보고는 선생님에게 고개를 돌립니다. 선생님도 정호를 살짝 보지만 그뿐이고 그냥 수업을 진행합니다.

정호는 주변 친구들의 반응에는 신경도 쓰지 않고 다시 한번 말합니다. "열차가 들어옵니다. 승객 여러분께서는 한 발 물러나셔서 안전한 경계선 밖에서 기다려 주시길 바랍니다."

정호가 매일 같은 말을 하는 건 아니에요. 며칠 지나면 내용이 바뀝니다. 어떤 날에는 수업 중에 한 번도 이런 말을 하지 않기도 하지만 또 다른 날에는 같은 말을 열댓 번씩 반복하기도 합니다.

반향어

자폐인 중에는 맥락과 상관없이 말을 따라 하는 경우도 있습니다. 누군가 말을 걸었을 때 그 사람이 한 말을 반복하는 경우죠. "학교 수업 중 어느 과목을 좋아해요?"라고 물었을 때 "과학을 좋아해요"나 "좋아하는 과목 없어요"가 아니라 "학교 수업 중 어느 과목을 좋아해요?" "학교 수업 중 어느 과목을 좋아해요?" "학교 수업 중 어느 과목을 좋아해요?" 하고 반복하는 것이죠. 처음 이런 상황을 접하면 '얘가 나를 놀리나' 하는 생각이 들기도 합니다.

이렇게 다른 이가 한 말을 그대로 따라서 하는 걸 '반향어'라고 합니다. 또 예시 상황처럼 수업시간에 '열차가 들어옵니다. 승객 여러분께서는...' 같이 지하철 안내방송을 따라 하는 경우도 있어요. 이렇게 지금 들은 것이 아니라 전에 들은 말을 그대로 따라 하는 것은 '지연된 반향어'라고 합니다.

반향어는 자폐가 아니더라도 두세 살 정도 아이에게서 자주 나타나는 자연스러운 현상이에요. 아이에게 "어머, 예뻐"라고 하면 아이가 "어머 예뻐, 어머 예뻐" 하며 그 말을 따라서 하는 것처럼 말이죠. 일종의 언어를 습득하는 과정입니다. 이 단계를 충분히 거친 뒤 아이들은 더 이상 말을 따라 하지 않고 자신이 여러 단어를 조합해서 말합니다. 다른 사람과 이야기를 나눌 수 있게 되는 것이죠.

그런데 자폐가 있는 경우 나이가 들어서도 반향어를 하는 모습을 자주 보입니다. 그 이유 중 하나는 자폐를 가진 이들은 자신의 생각이나 감정 혹은 의도를 다른 사람이 이해할 수 있는 언어로 표현하기 힘들기 때문이에요. 따라서 자폐가 있는 친구의 반향어는 우리가 보기에 단순히 말을 따라 하는 것처럼 보이지만 사실은 자기 나름대로 복잡하고 목적이 있는 표현인 경우가 많습니다.

예를 들면 〈말아톤〉(2005년)이라는 조금 오래된 영화에서 발달장애 마라토너인 주인공은 '초원이 다리는 백만 불짜리 다리'라는 말을 자주 합니다. 일종의 지연된 반향어죠. 그런데 이 말을 하는 상황을 유심히 보면 주변에서 너무 고되게 운동을 한다고 말리거나 쉬라고 할 때 자신은 충분히 더 달릴 수 있다는 의미로 사용하고 있음을 알 수 있어요. 또 발달장애인인 네가 그렇게 마라톤을 잘할 수 있냐고 의심의 눈초리를 보낼 때도 '나는 충분히 할 수 있다'는 대응의 논리로 쓰기도 합니다. 혹은 어머니가 힘들어할 때 위로의 뜻으로 말하는 경우도 있습니다. 주인공 초원은 비자폐인처럼 언어를 능숙하게 쓸 수 없기 때문에 자기가 할 수 있는 말로 여러 상황에서 자신의 의사를 표현하는 것입니다.

앞의 예시 상황에서 정호가 갑자기 '열차가 들어옵니다'라는 식의 말을 한 것도 지금 선생님의 수업이 무슨 말인지 이해가 잘 되지 않는다는 의미일 수도 있고, 지금 자기가 스트레스를 너무 많이 받아서 뭔가 조치를 취해야 한다는 의미일 수도 있습니다. 혹은 계속 앉아 있기가 힘들어서 하는 말일 수도 있어요. 정호도 언어를 능숙하게 쓸 수 없기 때문에 자기 기억 속에 있는 문장을 되풀이하는 것으로 상황에 대한 자신의 의사를 표시한 것입니다.

반향어를 하는 또 다른 이유도 있습니다. 어린아이들이 반향어를 통해 언어를 습득하듯 자폐증이 있는 친구들도 다른 사람의 말을 듣고 되풀이하는 과정을 통해 언어를 배우는 것입니다. 다만 자폐가 없는 경우보다 그 과정이 좀 더 길고 느리게 진행되기 때문에 초등학생이나 중학생 혹은 더 나이가 들어서까지 반향어를 계속 쓰는 거죠. 반향어 훈련을 꾸준히 하면 나이가 들면서 점차 반향어를 쓰는 경우가 줄어들기도 합니다.

다만 듣는 사람의 입장에서는 반향어만으로 말하는 이의 의사나 감정을 잘 알 수 없으니 답답하긴 하죠. 그래도 매일 마주치는 친구라면 반향어가 나오는 순간의 상황을 잘 살펴 그 의미를 이해할 수 있을 거예요. 자폐인 친구들도 반향어 말고 좀 더 맥락에 맞게 의사소통을 하기 위해 노력해야겠지만 그 과정이 쉬운 게 아니니 기다려 줄 필요가 있죠.

중요한 것은 그들의 반향어가 아무 의미도 없고 다른 사람과 소통이 불가능하다는 상징이 아니라 오히려 나름대로 의사소통을 하기 위한 노력이라는 점을 이해하고 인정하는 것입니다.

함께 생각해요!
타인과 소통하기 위해 우리가 기울이는 노력에 대해 생각해 봅시다.

"쟤는
새처럼 말을 해"

아침에 교실 문을 열고 들어온 현후는 자기 자리에 가서 앉더니 옆자리 지수를 보면서 말을 합니다. "안녕, 나는 현후야. 나는 자폐증이 있어. 내가 혹시 실수하더라도 네가 이해해 주면 좋겠어."

지수는 현후를 가만히 바라보더니 작게 한숨을 쉬면서 말합니다. "응, 알아. 현후 네가 어제도 말했잖아. 그것도 아침에 한 번, 점심 먹고 또 한 번 이야기했어."

"어? 그랬나? 나는 기억이 잘 나질 않아서. 미안." 현우는 무표정한 얼굴로 앞을 바라보며 말합니다.

지수는 궁금하다는 듯이 묻습니다. "그런데 현후야, 너는 왜 그렇게 높은 목소리로 기계가 말하듯이 이야기하니? 원래 목소리가 그래?"

자폐인의 목소리가 높은 이유

아기들의 목소리는 높은 톤입니다. 새가 지저귀는 소리와 비슷한 음역대를 가지죠. 후두부의 구조가 높은 소리에 적합하기 때문입니다. 그러다 후두부가 어느 정도 성장하면 목소리 톤이 낮아집니다. 남자는 2차 성징과 함께 변성기를 거치면서 더 낮아지고 여자도 남자보다는 덜하지만 조금 낮아집니다.

물론 변성기를 거쳤다고 높은 목소리를 내지 못하는 건 아니에요. 노래방에선 아주 고음으로 노래하기도 하지만 평상시 이야기하는 목소리는 낮지요. 이유는 여러 가지가 있지만 다른 사람과 비슷한 높이의 발성을 사용하는 것이 상호작용하기가 쉽기 때문이라는 점도 있습니다. 나는 내가 하는 말을 알고 있으니 상대방에게 맞춰 같은 톤의 목소리를 내는 것이죠. 그래서 상대가 조금 비밀스러운 이야기를 한다고 목소리를 더 낮추면 나도 자연스레 목소리를 같이 낮추게 됩니다.

그런데 자폐인은 뇌의 청각 영역이 비자폐인과 다른 경우가 상당히 많아요. 어릴 때 형성된 청각 영역이 그대로 지속되면서 가장 잘 들을 수 있는 음역대가 어릴 때 자신이 내던 목소리와 같은 높이인 경우가 많습니다. 그래서 자신의 목소리를 들을 때도 이 음역대에 해당하는 소리를 들으려고 하다 보니 자연스레 목소리가 높아집니다. 결국 많은 자폐인이 변성기 이전에 내던 목소리를 계속 내는 거죠.

또 자폐인은 타인과 상호작용을 잘 하지 못하고, 다른 사람의 감정에 공감하는 사회적 동조화가 잘 되지 않는 경우가 많습니다. 그래서 타인의 목소리와 자기 목소리의 높이를 맞추는 것에 신경을 잘 쓰지 않아요. 그러다 보니 목소리를 낮추는 훈련과 연습이 이루어지지 않아서 어릴 때 내던 목소리를 계속 내게 됩니다.

감정이 없어서가 아니에요

자폐인의 목소리 톤이나 리듬감이 비자폐인과 다른 점도 이를 통해 유추할 수 있어요. 우린 다양한 사람과 상호작용을 하는

데 그중 대화를 나누는 것이 상당히 중요한 비중을 가집니다. 상호작용을 보다 원활하게 하기 위해 상대에 맞춰 자연스럽게 톤을 바꾸기도 하고 말의 리듬감을 바꾸기도 하죠. 친구가 막 뛰어와서 말하려고 할 때 숨이 차거나 감정이 벅차서 말이 잘 이어지지 않으면 말을 잠시 멈추고 숨을 크게 쉬며 마음을 진정하고서 말하는 것이 바로 그런 현상이에요. 또 친구끼리 이야기하면서 서로 목소리가 높아지기도 하고 같이 낮아지기도 합니다. 빨라지기도 하고 느려지기도 하죠. 의식을 하지 않아도 아주 자연스럽게 이루어집니다.

하지만 자폐를 가진 경우 타인과의 상호작용을 위해 목소리 톤이나 리듬감을 바꾸는 일이 자연스럽게 이루어지지 않습니다. 원래의 목소리 톤과 리듬감이 계속 이어지죠. 비자폐인이 듣기에는 마치 노래의 한 구절을 단어만 바꿔서 계속하는 것 같으니 어색하게 느껴지는 게 당연하기도 합니다. 춤을 잘 추는 사람은 음악에 맞춰 자연스레 몸을 움직이는 데 반해 박자를 잘 맞추지 못하는 이는 음악이 바뀌면 그 박자를 제대로 따라가지 못해 움직임이 부자연스러워지는 것과 비슷해요.

또 뇌의 청각 영역이 비자폐인과 다르게 발달하다 보니 자신이 인식한 상황에서 하고 싶은 말을 자연스럽게 하지 못합니다. 마치 서랍에 저장된 단어들을 하나하나 꺼내서 나열하는 것처럼

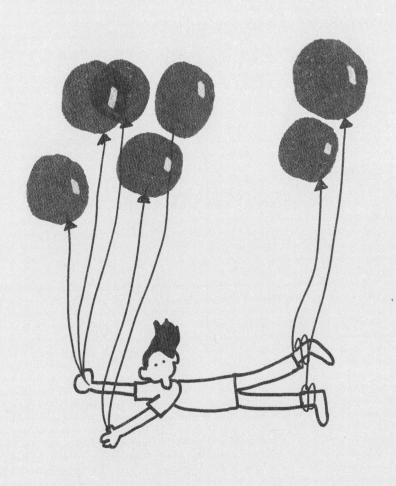

말을 하게 됩니다. 그러다 보니 말에 감정이 실리지 않죠. 물론 감정이 없어서가 아니에요. 비자폐인은 감정과 말의 연결이 자연스럽게 이루어지지만 자폐인은 이 과정 중 일부의 연결이 끊겼기 때문입니다. 예시 상황의 현후가 아무 감정이 실리지 않은 듯 이야기하는 것도 마찬가지입니다. 마음속의 감정을 꺼내지 못하는 거죠.

함께 생각해요!

친구와 이야기할 때 상호작용이 자연스럽게 이루어지지 않으면 어떻게 하는 것이 좋을까요?

"자기 머리를
자꾸 때려"

오늘은 6월 6일 현충일입니다. 에에엥. 오전 10시가 되자 묵념을 하라고 사이렌이 울립니다. 그런데 사이렌이 울리자 지수가 벌떡 일어나더니 벽에 머리를 부딪칩니다. 쿵, 쿵, 쿵. 주변 아이들이 지수를 바라봅니다. 걱정하는 눈빛이지만 부딪치는 강도가 상처가 날 만큼은 아닌 걸 보고 그냥 기다립니다. 1분 뒤 사이렌이 그치자 지수도 머리 부딪치길 그칩니다.

이런 모습을 보고 처음에는 반 친구들이 깜짝 놀라 직접 말리기도 했지만 지금은 심하게 아프거나 상처가 생길 정도가 아니면 잠시 기다려 봅니다. 그래도 멈추지 않으면 특수학급 선생님께 연락을 하죠.

자해하는 자폐인

자폐인들은 자신의 몸에 스스로 상처를 입히는 자기자극행동(자해)을 하는 경우가 적지 않습니다. 처음 보는 이들은 깜짝 놀랄 수밖에 없죠. 별다른 이유가 없는 것 같은데 자기 얼굴을 손으로 때리거나 이마를 벽에 부딪치고 혹은 바닥에 누워 뒤통수를 땅에 찧기도 하니까요.

자폐인들이 자해행위를 하는 데는 다양한 이유가 있어요. 말을 하지 못하지만 워드프로세서로 필담이 가능한 캐나다의 자폐인 칼리 플라이슈만Carly Fleischmann은 다음과 같이 표현합니다. "그렇게 하지 않으면 몸이 터져 버릴 것 같아서요. 콜라캔을 흔들고 있다고 생각해 보세요. 멈출 수 있다면 저도 그렇게 할 거예요.... 그것은 마치 나의 뇌와 힘겹게 싸워야 하는 상황과 같아요."

자폐증을 가지고 있으면서 수의학 교수가 된 미국의 템플 그렌딘Mary Temple Grandin은 자신의 몸에 강한 압박을 주는 방법을 쓰기도 했습니다(지금은 쓰지 않는다고 합니다). 즉 몸이 터질 것 같은 느낌이 들 때 압박기에 들어가 신체를 압박하고 나면 편안해지 더란 거죠.

자폐를 가진 이들은 뇌의 감각통합계가 비자폐인과 다릅니다. 그래서 외부 자극이 없는데도 내부에서 이상감각이 나타나는 경우가 있어요. 이런 이상감각 중에는 상당히 고통스러운 것도 있다고 합니다. 그래서 고통을 해결하기 위해 다른 자극을 동원하는 것이죠. 우리도 간혹 근지러운 느낌을 참을 수 없어 피가 나도록 긁을 때가 있지요. 참으려 해도 자꾸 손이 갑니다. 긁으면 안 된다고 생각하니 해당 부위를 때리기도 하고 얼음을 갖다 대기도 하죠. 이와 비슷하게 다른 감각적 자극을 주어 내부의 이상 감각을 상쇄하려는데, 그 방법이 자해인 것입니다.

또는 외부 자극이 너무 강렬한 경우에도 나타납니다. 앞서 이야기한 것처럼 자폐를 가진 이들 중 상당수가 특정 자극에 굉장히 민감합니다. 스스로 제어할 수 없지요. 그런 자극이 계속되면 그 자체가 스트레스가 되고 엄청난 고통이 됩니다. 어떤 자폐인은 옆에서 소곤소곤 이야기하는 소리가 창문을 꼭 닫은 작은 방 안에서 최대한 높이 키운 스피커로 전쟁터 소리를 듣는 것처럼 느껴진다고 해요. 다른 자폐인은 그저 침대에 누워 있는데도 발바닥이 마치 불 위에 있는 것처럼 뜨겁고, 또 다른 자폐인은 살랑

거리는 바람이 닿아도 양팔에 수백 마리의 개미가 기어 다니는 듯한 느낌을 가진다고도 하죠. 그런 고통을 없애려면 다른 감각으로 대신할 수밖에 없는데, 그것이 자해로 나타나는 것입니다.

서둘러 말리기보다는 상황을 관찰하기

자폐인의 자해행동은 감각 영역의 이상 때문에 일어나는 경우가 많지만 다른 이유로 일어나기도 해요. 스트레스를 자해행동으로 해소하는 것이 버릇이 된 경우도 있죠. 자폐인은 스트레스의 원인을 타인에게 분명하게 전달하기 어렵고 제거할 방법도 별로 없어서 과도한 자기자극행동을 하게 됩니다. 또는 원하는 것을 얻거나 누군가의 관심을 얻기 위해 그런 행동을 하는 경우도 있습니다.

비자폐인 중에도 습관적으로 혹은 자주 자해를 하는 이들이 있죠. 이들이 자해를 하는 이유는 다양합니다. 전문가에 따르면, 관심을 받거나 도움을 받고 싶어서, 내가 자해하는 걸로 고통을 받는 대상이 있어서, 다른 사람을 조종하기 위해, 부담스러운 상황을 벗어나려고, 심리적 고통을 잊기 위해, 부정적인 생각을 줄이기 위해 등의 이유로 자해를 한다고 해요. 비자폐인이 자해를 하는 이유가 이렇게 다양한 것처럼 자폐인도 여러 이유가 있기 때문에 쉽게 단정할 순 없습니다. 또 비자폐인의 자해에 대해 단순히 말리는 것이 최선이 아니라 그 이유를 알고 자해의 원인을 해결해야 하는 것처럼 자폐인의 자해도 그 원인을 파악하는 것이 우선입니다.

그래서 자폐인의 자해행동을 목격하면 서둘러 말리기보다는 상황을 관찰할 필요가 있어요. 앞의 예시 상황처럼 자해행위가 본인에게 아주 심각한 부상을 입힐 경우에는 당연히 말려야겠지만 그렇지 않다면 잠시 지켜볼 필요가 있습니다.

자해를 일으킨 원인이 사라지면 자해행위도 사라지게 됩니다. 혹 지속적으로 자해행위를 하는 경우도 아주 걱정스러운 상황이 아니면 담임 선생님이나 특수학급 선생님께 연락을 취하는 것이 우선입니다.

함께 생각해요!

자폐 친구들이 느끼는 '이상감각'에 대해 이야기해 봅시다.

"눈치가 없는 거니?"

점심을 먹고 상수는 미정이랑 수학 시험 이야길 하면서 복도를 따라 교실로 가고 있었습니다. "미정아, 인수분해 응용문제 되게 어렵지 않냐?"

"그래? 난 근의 공식 쓰는 게 더 어렵더라."

"아무래도 이번 수학은 망친 거 같아."

"아이고, 너야 망쳐도 80점은 넘잖아. 잘하는 놈이 더 안달이야."

"아냐, 이번엔 좀 느낌이 좋질 않아."

"나, 수학 100점이다!"

갑자기 기후가 상수와 미정이에게 다가와 뜬금없는 말을 합니다.

"응?"

"나 시험 잘 봤어. 이번 중간고사 수학 100점이야."

상수가 기후를 잠깐 쳐다보고는 짧게 한숨을 쉬고 말을 건넵니다. "어. 알았어. 좋겠다."

다른 사람의 불편함을 알거나 혹은 모르거나

굳이 하지 않아도 되는 이야기를 해서 분위기를 싸하게 만드는 친구가 있습니다. 다른 사람의 마음을 잘 헤아리지 못하는, 눈치라곤 전혀 없는 친구가 자주 그럽니다. 여럿이 어울릴 때 이런 친구가 있으면 참 힘들죠. 또는 다른 친구가 불편할 걸 알면서 일부러 혹은 어쩔 수 없다고 생각하며 불쾌한 이야기를 꺼내는 이도 있습니다. 뭔가 감정이 좋지 않아 고의로 아픈 지점을 건드리기도 하죠. 싫어할 걸 알지만 이야기해 주는 편이 좋겠다는 좋은 마음에서 충고를 하기도 합니다.

어찌 되었건 우린 가끔 혹은 자주 상대방의 마음을 건드리고 분위기에 맞지 않는 이야길 하기도 합니다. 그래도 눈치가 없어서 일어나는 일은 넘어갈 수 있지만 일부러 그런다고 생각하면 더 화가 납니다. 결국 싸움이 나기도 하고 사이가 틀어지기도 하죠.

하지만 다른 친구 둘이 수학 시험을 망쳤다고 하는데 자기는 수학 시험을 잘 봤다고 말하는 기후의 경우는 좀 다릅니다. 기후는 자폐를 가지고 있어요. 그래서 시험을 못 본 친구들 앞에서 시험 잘 본 이야기를 하면 친구들이 어떻게 여길지 모릅니다. 모든 자폐인이 그렇지는 않지만 상당수는 다른 사람의 마음을 헤아리기 어려워합니다. 다른 사람의 입장에서 생각하는 능력이 발달하지 않았기 때문이죠.

자폐가 발달장애인 이유

태어난 지 얼마 되지 않은 아기는 옆의 아기가 울든 아빠가 잔뜩 화가 났든 신경을 쓰지 않습니다. 자기가 울고 싶으면 울고 웃고 싶으면 웃죠. 그리고 누구도 그런 아기들에게 뭐라고 하지 않습니다. 이런 아기들이 자라면서 부모와 또 다른 사람들을 만나면서 점차 타인의 마음을 이해하기 시작합니다. 그래서 엄마가

화가 난 듯이 보이면 다가가 안아 주는 시늉도 하고, 옆자리 아이가 울면 따라서 울기도 합니다. 이렇게 다른 사람의 마음을 이해하는 정도는 자라면서 점점 더 커지고, 그에 따라 자기가 어떻게 행동해야 하는지에 대한 이해도도 높아집니다.

자라는 건 감정뿐만이 아닙니다. 타인에 대한 그리고 상황에 대한 이해도도 높아져요. 아기들은 부모가 서로 다투어 기분이 아주 나쁜 상황에서도 배가 고프면 "아빠, 나 배고파" 하고 자기 상황을 해결해 달라고 요구하죠. 부모의 상황에 대해 잘 모르고, 알아도 그것보다 자기 상황이 우선입니다.

어린이집에서 친구가 규칙을 어기면 선생님께 쪼르르 달려가 저 친구가 줄을 서지 않았다고 알리기도 합니다. 그 친구가 곤란해할 걸 미리 판단하지 못하기 때문이에요. 하지만 이런 상황을 계속 겪으면서 아이들은 자신의 욕구나 주장만 내세워선 안 된다는 걸 차차 깨닫게 됩니다. 상황에 맞는 말과 행동을 하는 것이 필요하다고 느끼고 배우죠. 물론 좀 커서도 그렇게 상황에 맞는 말과 행동만 하는 건 아니지만 그때는 몰라서 안 하는 게 아니에요.

하지만 자폐를 가진 이들 중 많은 경우가 이런 발달 과정에 어려움을 겪습니다. 그래서 자폐를 발달장애라고 해요. 그들은 다른 사람의 감정에 공감하는 능력이 없고, 자신의 마음과 감정을 말로 표현하는 프로세스가 제대로 작동하지 않습니다. 그래서 기후처럼 다른 사람의 마음을 헤아리지 못하기 때문에 상황에 맞지 않는 말을 하고 때로는 다른 사람에게 상처가 되는 말이나 행동을 하기도 합니다.

함께 생각해요!

상대의 마음이나 상황을 이해하는 것, 헤아리는 것에 대해 생각해 봅시다.

"공사 중이잖아"

오늘 미지는 학교가 끝나고 재호와 함께 집에 갑니다. 아주 어려서부터 같은 아파트 단지 같은 동에 살아서 가족끼리도 잘 알고, 어린이집과 초등학교도 같이 다녔죠. 원래는 재호 어머니가 마중을 나오시는데 오늘은 집에 일이 있어서 마중 나오지 못한다고 미지에게 재호와 같이 와 달라고 부탁을 하셨어요. 1년에 한두 번 정도 이런 부탁을 받으면 미지는 흔쾌히 수락합니다. 어려서는 재호 어머니가 마중 나오면 셋이서 같이 집에 가기도 했죠.

그런데 문제가 생겼어요. 늘 가던 길이 갑자기 공사 중입니다. 큰 문제는 아니죠. 공사 현장 전에 있는 건널목에서 도로 건너편으로 가서 공사 현장을 지나 다른 건널목으로 다시 건너오면 되니까요. 문제는 재호가 절대 그러려고 하지 않는다는 것입니다. 재호는 자폐를 가졌는데, 평소에는 미지가 하자는 대로 따르는 편이지만 집과 학교를 오가는 길만은 항상 가던 길을 고집해요. 미지도 여러 번 겪어서 그걸 알고 있지요. 혹시나 해서 미지가 말해 봅니다.

"재호야, 공사 중이니까 저기 건널목에서 건너서 가면 어떨까?"

재호는 고개를 도리도리 흔듭니다. 입도 앙다뭅니다. 다른 방도가 없죠. 미지가 공사 현장에서 차량 흐름을 유도하는 건설노동자 아주머니께 부탁을 합니다.

"제 친구가 자폐인데, 가던 길 말고 다른 길로는 절대 가려고 하질 않아요. 잠깐만 저희가 옆 도로로 가도 될까요?"

이야길 듣더니 아주머니가 고개를 끄덕입니다.

"그래, 내 친구 아들도 자폐라서 그 사정을 알지. 잠깐만 기다려라. 내가 차량 통제를 해 줄게."

아주머니가 빨간 막대로 차들을 막는 사이 미지는 재호를 데리고 한창 공사 중인 인도 옆 도로로 빠르게 걸어갑니다. 미지는 마음속으로 외칩니다. 미션 클리어.

항상 하던 방식으로

자폐를 가진 이들 중에는 일정한 상태나 방식, 정해진 순서를 꼭 지키고자 하는 태도가 아주 강한 이들이 있습니다. 재호가 그런 것처럼 등하굣길을 항상 가던 대로만 가려 하고 무슨 일이 있어도 바꾸려 하지 않습니다. 길을 가는 것만 그런 것이 아닙니다. 사탕을 먹을 때도 꼭 한 가지 종류만 고집하고 밥을 먹을 때도 평소와 다른 반찬은 절대 먹으려 하지 않는 태도 등이죠.

이것은 단순한 고집이 아니에요. 이들은 뭔가 자기가 지켜야 할 상태에 변화가 생기면 극도로 고통을 느낍니다. 그래서 평소와 다른 길로 가려고 하면 제자리에서 절대로 움직이지 않고, 강제로 끌고 가려고 하면 스스로 자기 머리를 때리는 등의 자해를 하기까지 합니다.

사실 자폐인들에게 비자폐인과 섞여 사는 세상은 마치 말도 글도 모르는 외국에 혼자 떨어진 것과 비슷해요. 의지할 곳이 하나도 없고, 무슨 말을 하는지도 잘 모르는 곳이죠. 이들에게 일상이란 길도 말도 모르는 외국에서 겨우 버스 번호와 정류장 이름에 의지해 20킬로미터 떨어진 학교에 가서 누군지도 모르는 낯선 이들을 만나 여섯 가지 외국어 수업을 한 뒤 돌아와야 하는 임무가 주어진 것과 비슷해요. 집을 나서서 돌아올 때까지 긴장을 늦출 수가 없습니다.

모든 자폐인이 그렇지는 않지만 그런 경향이 작든 크든 있습니다. 그래서 비자폐인의 세상에 던져진 이들이 크게 의지하는 것 중 하나가 규칙이에요. 아침에 일어나면 하얀 세로줄 무늬가 들어간 노란색 티셔츠에 까만색 바지를 입고, 오전 8시에 집을 나서서 버스 정류장에 가 82번 버스를 타고 네 정거장을 간 뒤 내려서 학교까지 걸어갑니다. 도시락에는 항상 계란말이와 김치, 콩자반이 있어야 하고요. 학교가 끝나면 교문까지 걸어가서 엄마와 만나 같은 경로로 집에 돌아오죠. 이 과정을 무사히 마치면, 긴장이 풀리고 안도감이 듭니다.

교육과 훈련을 통한 극복

그런데 어떤 이유로든 세상에는 이런 규칙이 어긋날 때가 있는 법이죠. 비자폐인에겐 규칙이라고 할 것도 아닌 것이 자폐인들에겐 큰 일이 됩니다. 82번 버스를 타야 하는데 그 버스가 오지

않는다면 어떨까요? 보통은 다른 번호의 버스를 타고 적당한 곳까지 가서 목적지에 가는 버스를 갈아 타는 식의 방법을 찾을 것입니다. 조금 불편하긴 하지만 큰 문제는 아니죠. 하지만 82번 버스 말고는 모든 정보가 차단된 이에겐 아주 커다란 난관이 됩니다.

더구나 자폐인은 다른 사람의 마음을 읽을 수 없다는 어려움이 있는 데다 상황이 변할 수도 있다는 사실을 이해하는 '사회적 능력'에도 손상이 있습니다. 그래서 자폐인은 변화에 저항하고 동일성에 집착할 수밖에 없어요. 물론 교육과 훈련을 통해 이런 일상의 변화를 견디는 힘을 키울 순 있죠. 다만 여기에는 세 가지 고려할 것이 있습니다.

첫째, 일상의 변화가 어쩔 수 없을 때 이것을 견디는 능력을 키우는 것이지 비자폐인처럼 다양한 일상의 변화를 즐기게 하는 것이 아니라는 점입니다. 자폐인과 같은 공간에 있다면 이들의 이런 특성을 이해하고 되도록 변화를 일으키지 않는 것이 오히려 도움이 될 거예요.

둘째, 변화를 견디는 능력을 키워 주는 것은 전문적인 훈련을 받은 특수학급 선생님과 자폐인의 부모님 일이지 친구가 해 줄 수 있는 일이 아니라는 점도 기억하면 좋겠습니다.

마지막으로 이런 교육과 훈련이 모든 자폐인에게 변화를 견

디는 능력을 주는 것이 아니며, 자폐인마다 견디는 범위가 다를
수 있다는 점 또한 기억해야 합니다.

함께 생각해요!

예기치 않은 상황을 마음속에 그려 보고, 그 상황에 어떻게 대응할 수 있을지
이야기해 봅시다.

"눈을 맞추고 싶어!"

교실 문을 열고 진희가 들어오며 인사합니다. "안녕! 좋은 아침."

정수가 말을 받습니다. "안녕, 난 졸린 아침."

진희가 웃으며 말을 받습니다. "니 눈을 보니 정말 그러네. 오늘 내내 자겠군."

진희는 정수를 지나 자기 자리로 가서 앉으면서 옆자리 자명이에게도 말을 건넵니다.

"안녕 자명. 좋은 아침!"

책상 위에 노트를 펼치고 뭔가를 쓰고 있던 자명은 진희의 말에 아무 반응도 하지 않습니다.

"자명아 안녕!"

진희가 조금 더 큰 목소리로 다시 인사를 건네자 자명은 자세는 그대로 한 채 "진희 안녕" 하고 아무 감정도 담지 않고 대답합니다.

진희가 자명이에게 "자명아, 얼굴 좀 보자"라고 다시 말을 건네자 자명은 얼굴을 돌리며 "응" 하고 말하지만 진희의 얼굴을 힐긋 보고는 진희의 책상과 가방과 의자와 교실 창문을 봅니다.

진희는 예상했다는 듯 "아이고 얼굴 한번 보기 힘드네" 하면서 웃으며 자기 책가방을 엽니다.

시각 정보의 중요도

인간은 외부 정보의 80%를 눈을 통해 얻습니다. 가장 중요한 감각기관이 눈이에요. 우리가 눈을 통해서 얻는 시각 정보는 거리, 색깔, 형태, 움직임 등 굉장히 다양합니다. 움직이는 물체를 쫓아가는 능력, 얼굴의 변화를 살피는 능력, 인간과 인간이 아닌 물체를 구분하는 능력, 지금 집중해야 할 곳만을 바라보는 능력 등이 이를 뒷받침해 주죠.

이 중에서 인간과 인간이 아닌 사물을 구분하는 능력에 대해 살펴볼까요? 인간은 집단을 이루고 산 지 수백만 년이 되었고, 자연 상태에서 살 때 가장 중요한 것이 집단의 동료들과 의사소통을 하고 상호작용을 하는 것이었습니다. 그래서 시각 정보 중 다른 인간의 얼굴을 인식하는 걸 가장 중요하게 여깁니다. 물론 눈이 이걸 처리하는 건 아니고 대뇌의 시각 영역에서 처리하죠. 그래서 누군가와 이야기를 할 때는 대뇌의 시각을 담당하는 영역이 알아서 그 사람의 얼굴에 대한 정보만 집중적으로 다루고 주변 사물에 대한 시각 정보는 대충 흘려 버립니다. 이러한 일은 우리가 전혀 의식하지 못하는 상태에서 아주 자연스럽게 일어납니다.

그런데 우리 눈이 대뇌에 보내는 시각 정보를 생각해 보면 그중 지금 말을 하는 사람의 얼굴에 대한 정보는 대부분의 경우 1/10도 되지 않습니다. 간단하게 실험해 볼 수 있어요. 여러분의 눈 위치에 휴대전화를 대고 상대의 얼굴이 포함되게 사진을 찍습니다. 배율을 1.0으로 두지 말고 0.5로 낮추고 광각으로 세팅해서요(배율을 1.0으로 두면 우리가 보는 시각의 일부만 찍힙니다. 0.5로 낮추고 광각으로 세팅해야 우리가 보는 시야각과 비슷한 정도로 볼 수 있어요). 그러면 전체 화면에서 방금 이야기를 나눈 친구의 얼굴은 아무리 많이 잡아도 사진 전체에서 1/10 정도밖에 되지 않습니다. 대부분 1/20 이하가 되죠. 즉 전체 시각 정보에서 아주 작은 부분이라는 말이에요.

이 정도가 누군가와 이야기할 때 우리 눈에서 확인하는 시각 정보입니다. 이것을 대뇌의 시각 영역이 다시 정리해서 마치 줌 인zoom in을 하듯 지금 말하는 상대의 얼굴만 빼내는 것입니다.

눈을 맞추지 못하는 자폐인

자폐인 중에는 지금 자신에게 말을 건네는 이의 얼굴 시각 정보를 주변 사물의 시각 정보보다 중요하게 만드는 처리 과정이 뇌에서 작동하지 않는 경우가 있습니다. 게다가 주변의 시각 정보는 계속 변하죠. 다른 친구들이 오가기도 하고, 해가 비치다가 구름이 끼기도 하는 등의 변화가 생깁니다. 대뇌의 시각 영역은 이런 변화에 대해 특히 민감하고요. 그러니 앞에 있는 친구의 얼굴보다는 시각 정보가 변하는 곳으로 눈길이 가기 마련이죠.

그래서 자폐를 가진 이들 중에는 상대방과 눈을 맞추며 이야기하지 못하는 경우가 많아요. 눈을 맞추더라도 오래 가지 못하고 금방 시각 정보의 변화가 일어난 딴 곳을 보죠. 눈을 맞추는 경우는 아주 오랫동안 노력한 결과예요. 그런데 얼굴 중에서도 이야기하는 동안 자주 변하는 곳은 눈이 아니라 입이죠. 그러니 얼굴을 보더라도 눈이 아니라 입을 보게 되는 겁니다.

그렇다고 자폐인 친구가 여러분의 이야기를 듣고 있지 않거나 별로 중요하게 생각하지 않는 건 아니에요. 다만 시각 정보를 관장하는 영역과 청각 정보를 관장하는 영역이 여러분과 다른 방식으로 협동하는 것이죠. 그래서 눈은 여전히 다른 곳을 보고 있지만 귀로는 여러분의 이야기를 집중해서 듣고, 머리로 그에 대한 판단과 정보를 정리하고 공감하기까지 한답니다.

함께 생각해요!

눈을 잘 맞추지 못하는 자폐인의 특성을 조금 알 것 같죠? 열심히 이야기하는
내 말을 도무지 듣는 것 같지 않은 자폐인 친구를 이제 어떻게 대하면 좋을까요?

2 장 .

자 폐 에

대 하 여

1장에서 우리가 흔히 접할 수 있는 자폐인의 모습과 행동에 어떤 이유가 있는지를 살펴보았습니다. 이번 장에서는 자폐란 무엇인지, 그 원인은 무엇이고, 자폐라고 하지 않고 자폐스펙트럼이라고 하는 이유는 무엇인지, 자폐가 장애가 아니라 자부심이 될 수 있다는 주장은 또 무엇인지, 자폐에 대한 다양한 내용을 살펴보려고 합니다. 그 과정에서 비자폐인이 가지고 있는 오해와 편견도 바로잡아 보고요.

자폐의 원인

부모의 책임은 아니야

세상에는 원인은 알 수 없고 결과만 아는 경우가 꽤 있습니다. 이런 경우 우린 결과를 가지고 그에 대해 대응하기 마련이죠. 예를 들면 암이 그렇습니다. 우리나라 사망원인 1위죠. 그런데 한마디로 암이라고 하지만 암에는 아주 많은 종류가 있습니다. 폐암, 식도암, 위암, 혈액암, 피부암, 대장암 등 우리 신체의 어느 부위에서 시작했느냐에 따라 서로 다른 암이 있지요.

각각의 암은 원인도 다양합니다. 유전적 요인도 분명히 있지만, 담배나 석면과 같은 발암물질도 원인이 됩니다. 부적절한 생활습관도 요인이 되고요.

우린 간단히 암이라고 하지만 이는 하나의 증상에 대해 이야기하는 것뿐입니다. 즉 죽지 않고 무한히 번식하는 세포 덩어리라는 결과만 놓고 암이라고 하는 거죠. 만약 원인으로 나눈다면 암은 수많은 이름을 가져야 할 거예요. 그리고 그중에는 아직 원인을 모르는 경우도 많습니다.

자폐도 마찬가지입니다. 아직 아무도 자폐의 원인이 무엇인지 정확히 모릅니다. 한 가지 요인이 아니라 여러 가지 요인이 섞여 있을 것이라고 생각할 뿐이지요. 물론 자폐의 가장 중요한 원인으로 유전을 꼽고 있지만, 어떤 유전자들 때문인지는 아직 명확하게 밝혀지지 않았습니다. 대략 500-1000개의 유전자가 영향을 미친다고 추정할 뿐이지요.

유전적이라고 생각하는 이유는 우선 아주 어린 나이에 증상이 나타나기 때문이에요. 겨우 한두 살부터 자폐 증상을 확인할 수 있습니다. 더 빠른 경우는 생후 1년이 되지 않아서도 나타납니다. 이런 경우 태어나기 전부터 가지고 있는 특성이라고 생각할 수밖에 없죠. 또 하나 가족 중 자폐인 사람이 있는 경우가 그렇지 않은 경우보다 자폐가 더 많이 나타난다는 사실입니다. 유전적 요인이 중요하다는 두 번째 근거예요. 물론 아직 자폐에 영향을 미치는 요인이 유전뿐인지는 확실하지 않습니다.

여기서 하나 주의할 것이 있습니다. 자폐의 유력한 원인이 유전자 이상이지만 이것이 부모에게 물려받은 것만으로 이루어지지 않는다는 것이죠. 우린 모두 엄마와 아빠에게서 절반씩의 유전자를 물려받습니다. 이렇게 물려받은 두 유전자 모둠이 합해져서 엄마와 아빠와는 다른 유전자 세트가 됩니다. 가령 엄마도 아빠도 곱슬머리인데 나는 곱슬머리가 아닌 경우가 생기기도 하고, 엄마와 아빠는 키가 작지만 난 키가 크기도 하죠.

유전자의 조합에 따라 다른 표현형이 나타나는 거예요. 자폐도 마찬가지로 한두 가지 유전자에 의해 결정되는 것이 아니라 다양한 종류의 유전자가 서로 간섭하면서 생기는 현상이고요. 그러니 이 조합에 의해 부모가 자폐가 아닌 경우에도 자녀에게 자폐가 나타날 수 있습니다.

물려받지 않은 유전자도 있어요. 나를 만든 정자와 난자의 유

표현형

발현형질發現形質이라고도 한다. 생물에서 겉으로 드러나는 여러 가지 특성을 가리킨다. 눈 색깔이나 키와 같은 생김새뿐만 아니라 행동, 발생, 생리학적 또는 생화학적 특성 등 구별 가능한 다양한 생명현상을 포함한다.

전자는 생식분열을 하는 과정에서 일어난 변이를 가졌거든요. 유전자의 변이는 실제로 꽤 자주 일어납니다. 다만 한두 가지 변이가 큰 변화를 만드는 확률이 아주 드물 뿐이죠. 그리고 정자와 난자가 합쳐져 수정란이 만들어질 때도 변이가 일어날 수 있어요. 또 수정란이 발생하는 과정에서 나중에 뇌가 될 부분의 세포가 변이를 가질 수도 있습니다. 이런 과정이 있기에 부모에게 자폐 증상이 없는 경우에도 자녀에게 자폐 증상이 생기는 것이죠.

각각 다른 양상을 보이는 자폐스펙트럼장애

최소 500개에서 1000개 정도의 유전자가 자폐 증상과 관련이 있다고 했는데, 모든 자폐인이 같은 유전자를 가질 확률은 굉장히 드뭅니다. 가령 빨간색과 파란색 두 종류의 삼각형, 사각형, 원 도형이 있다고 해 볼게요. 무작위로 아무거나 선택한다면 총 8개 세트를 만들 수 있습니다. 만약 네 가지 종류의 도형이라면 총 16세트를, 다섯 가지 종류의 도형이라면 32세트, 열 가지 도형이라면 1,024세트가 만들어집니다.

그렇다면 500-1000개 세트가 있는 경우니 상상할 수 없을 만큼 많은 종류의 유전자 세트가 만들어지겠죠. 그래서 언어장애가 심한 경우부터 아예 없는 경우, 사회적 관계를 형성하는 것은 힘들어하지만 관계 자체는 적극적으로 만들려는 경우나 반대로 사회적 관계를 만드는 걸 극도로 싫어하는 서로 반대되는 모습, 청각이 극도로 예민한 경우와 반대로 청각이 아주 둔감한 경우 등 다양한 모습이 나타나는 것이죠. 그리고 이런 각각의 현상 중 어떤 증상을 가지는지도 모두 다릅니다. 그래서 만약 1천 명의 자폐스펙트럼장애인이 있다면 모두 다른 모습의 자폐 증상을 보이는 것입니다.

함께 생각해요!
자폐 증상에 대해 왜 자폐스펙트럼이라고 하는지 이야기해 봅시다.

자폐란
무엇인가

앞서 여러 가지 예를 들었지만 아직도 자폐가 무엇인지 명확하지 않을 수 있습니다. 이럴 때는 정의를 한번 내리고 가는 게 좋겠죠. 자폐란 '사회적 의사소통과 상호작용의 결함'이 있고 '제한적이고 반복적인 행동이나 흥미 또는 활동'을 하는 경우를 말합니다. 이 중 제한적이고 반복적인 행동이나 흥미 또는 활동에 대해 먼저 생각해 볼게요.

앞에서 예로 들었던 몸을 앞뒤로 흔들거나 손을 돌리는 행동이 반복적으로 일어나는 상동행동을 '반복적인 행동'의 대표 예라고 볼 수 있습니다. 남의 말을 따라 하거나 이전에 들은 말을 뒤늦게 다시 하는 등의 반향어도 한 예가 되겠지요. 이에 대해선 앞에서 다루었으니 여기서는 이를 모아 반복적인 행동이라고만 정리하겠습니다.

또 자폐인의 특징 중 하나가 제한된 행동이나 흥미 혹은 활동입니다. 이것은 학교에서는 잘 나타나지 않지만 일상의 중요한 부분 중 하나예요. 가령 어떤 자폐인은 우리나라의 대중교통을 좔좔 외고 있습니다. 이런 경우죠. 자폐인 호준이는 지하철노선의 왕입니다. 서울시 지하철 2호선 노선에 대해 물으면 이렇게 대답하죠.

"지하철 2호선 을지로순환선은 시청에서 시작해. 을지로입구, 을지로3가, 을지로4가, 동대문역사문화공원, 신당, 상왕십리, 왕십리, 한양대, 뚝섬…."

언제 외웠는지 역을 순서대로 줄줄 읊어 댑니다. 다시 묻죠.

"그럼 대구 지하철 1호선은?"

"대구도시철도 1호선은 설화명곡에서 시작해. 화원, 대곡, 진천, 월배, 상인, 월촌, 송현, 서부정류장, 대명, 안지랑, 현충로, 영대병원…."

이런 식으로 막히지도 않고 쫙 뽑아냅니다.

외국어에 꽂히기도 하죠. 서너 살 때 벌써 영어 단어를 1만 개 정도 알고, 영어 원서를 줄줄 읽는 자폐인도 있어요. 한국계 미국인 맥스 박Max Park이라는 자폐인은 루빅스 큐브 신기록을 보유하고 있습니다. 3×3×3 큐브를 불과 3.13초 만에 맞추고 넷플릭스의 다큐멘터리 〈스피드 큐브의 천재들〉에도 출연했어요.

어떤 면에선 부럽기도 한 능력이지요. 하지만 문제는 어느 하나에 꽂히면 일상이 그 하나에만 집중된다는 거예요. 다른 곳에는 전혀 흥미를 느끼지 못하고, 부모님이나 선생님이 무얼 시켜도 절대로 하지 않는 경우가 많습니다. 이 글을 읽는 여러분은 '어, 그건 자폐인만 그런 게 아니잖아'라고 생각할 수 있어요. 게임에 꽂혀서 공부를 안 하는 비자폐인도 있고, 어른 중에도 도박에 빠져서 일상이 무너진 경우도 있으니까요. 하지만 비자폐인의 경우 어느 하나에 꽂힌다고 해도 제어가 가능하고, 게임·도박·알코올·마약 등에 대한 중독은 또 다른 범주의 증세입니다. 반면자폐인은 중독이 아니어도 좁은 범위에만 흥미를 느끼면서 그외 일상에 필요한 다른 행동을 하지 않아요.

실제로 예술가나 과학자 중에 이런 자폐 경향을 가지는 경우가 종종 있습니다. 흔히 외골수라고 하죠. 이전에는 자폐 진단을 받지 않는 경우가 많아서 자폐로 구분되지 않았을 뿐입니다. 이들도 자폐 진단을 받은 이들과 비슷하게 자신의 전문 분야에서

는 굉장히 훌륭한 업적을 남기기도 하지만 대인관계는 서툴고 사회적으로 고립되어 개인적으로 힘든 삶을 사는 경우가 많습니다. 혹은 주변의 가족들이 부족한 부분을 대신 채워 주기도 하고요.

의사소통

이런 제한되고 반복된 행동이나 관심도 자폐의 중요한 증상이지만 더 중요한 것은 '사회적 의사소통과 상호작용의 결함'이라는 부분입니다. 사회적 의사소통과 상호작용의 결함이라는 말은 무슨 뜻일까요? 우선 의사소통에 대해 생각해 볼게요.

의사소통에 가장 많이 쓰이는 건 '말하기'와 '듣기'입니다. 내 뜻을 전달하기 위해 말을 하고, 상대방의 뜻을 받아들이기 위해 듣습니다. 이 과정을 위해선 말하는 능력과 듣는 능력도 중요하고 이 둘을 이어 주는 일도 중요해요. 가령 친구가 "오늘 저녁에 시간 있어?"라고 묻는다면 '아, 얘가 오늘 저녁에 나와 무언가를 같이 하고 싶은 거구나' 하고 판단할 수 있어야 다음 과정이 진행됩니다.

거기에 대해 답변을 하려면 말을 해야겠죠. "오늘 저녁엔 학원에 가야 하는데." 이 말은 정말 학원에 가야 한다는 뜻이기도 하고, 친구가 오늘 저녁에 같이 하자는 것에 대해 명확하게 이야기하진 않았지만 아마도 내가 별로 즐기지 않는 놀이를 하자는 것 같아 학원을 핑계로 할 수 없다는 뜻을 완곡하게 전하는 것일 수도 있습니다.

청각 기능에 문제가 없으면 듣기는 가능합니다. 하지만 들은 말에 대해 대뇌에서 청각을 담당하는 영역, 그리고 그에 대해 종합적 판단을 하는 영역, 그것을 토대로 어떤 말을 할지를 정하는 언어 영역, 그리고 말하는 과정에서 사용하는 성대와 입근육 등 중 어느 한두 가지 영역이 제대로 발달하지 못했거나 다른 방식으로 작동하게 되면 언어소통에 문제가 생길 수밖에 없습니다. 자폐란 바로 이 부분의 어딘가가 비자폐인과 다르거나 발달 정도가 약한 경우라고 볼 수 있어요.

물론 자폐가 아니어도 언어장애나 청각장애 등으로 언어를 통한 의사소통이 힘든 경우가 있습니다. 하지만 이런 경우에는 비언어적 방법으로 의사소통이 가능하죠. 가령 청각장애인은 수어나 필담 등으로 의사소통이 가능합니다. 하지만 자폐인은 청각 기능이나 언어 기능 자체의 이상보다는 대뇌의 해당 영역이 문제이기 때문에 비언어적 의사소통도 쉽지 않다는 것이 다릅니다.

사람들 사이의 상호작용은 의사소통에 국한되지 않습니다. 다양한 상호작용이 이루어지죠. 감정을 주고받기도 하고, 공통의 목적을 위해 같이 협력하기도 합니다. 하지만 자폐인과의 상호작용은 쉽지 않아요. 상호작용의 전제가 의사소통이기 때문이죠. 서로의 의사를 전달하고 전달받을 수 없으니 상호작용 또한 쉽지 않죠. 그리고 여기에 또 하나의 벽이 있어요. 자폐인 중 일부는 다른 사람의 마음을 읽고, 그 느낌에 공감하는 능력이 떨어진다는 점이에요. 하지만 이는 다른 사람과 상호작용을 아예 할 수 없다거나 혹은 그런 노력을 하지 않는다는 것과는 다릅니다.

대표적인 예가 중증 자폐스펙트럼장애를 가진 캐나다 출신의 칼리 플라이슈만입니다. 칼리 플라이슈만은 어려서부터 말은 한마디도 하지 못했어요. 거기다 몸을 흔들고, 바닥에 머리를 찧고, 손으로 책상을 치는 등의 행동을 매일 그것도 자주 했습니다. 이것은 다른 이들과 의사소통을 하고 있는 지금도 마찬가지고요. 동반질환으로 지적장애가 있다고 판단했을 정도니까요.

그런데 열한 살이 되자 반전이 일어납니다. 칼리는 노트북의 자판을 통해 의사소통을 시작했는데 그 나이의 비자폐인에 비해 지능이 전혀 떨어지지 않았어요. 게다가 자신이 보여 주는 자폐

행동에 대해서도 이야기했습니다. 그뿐만이 아니라 자신의 가족과 치료사에 대한 감정까지도 온전히 표현했죠. 칼리의 가족과 치료사는 지난 11년간 칼리와 전혀 의사소통을 할 수 없었고 상호작용도 매우 불충분하게 이루어졌다고 생각했는데 칼리 입장에서는 전혀 그렇지 않았던 것입니다.

칼리는 나름대로 의사소통을 하기 위해 노력했지만 비자폐인인 가족과 치료사에게는 그의 의사가 보이지 않았을 뿐입니다. 반대로 가족과 치료사가 의사소통 없이 같이 살아가는 것만으로도, 그리고 칼리를 가족으로 여기는 것만으로도 칼리는 영향을 받고 있었던 것이죠. 그 영향에는 긍정적인 부분만 있었던 것은 아닙니다만, 의사소통이 잘 되지 않더라도 상호작용은 충분히 가능하다는 걸 보여 준 예입니다.

물론 자폐인과 비자폐인 사이의 상호작용은 쉽지 않습니다. 그 일부분은 자폐인의 특성 때문이기도 해요. 자폐인은 다른 사람의 마음을 읽는 데 서툴거든요(이 부분은 다음 단락 "마음이론이 없는 자폐인"에서 살펴볼게요).

하지만 또 다른 한 이유는 우리가 비자폐인 간의 상호작용에만 익숙하기 때문입니다. 자폐인이 비자폐인처럼 상호작용하기 힘들다는 전제 아래 생각해 보면 비자폐인도 자폐인과의 상호작용에 서툰 것이 사실입니다. 자폐를 가진 이들이 드물다 보니 비자폐인과의 상호작용에만 익숙해진 것이고, 또 자폐인과의 상호작용이 대해 깊게 고민하거나 훈련을 쌓을 기회가 없기 때문이기도 하죠. 자폐인의 가족이나 교사들도 자폐인의 비자폐인과의 상호작용에 대해 고민하기보다는 자폐인의 증상을 개선하고 자폐인이 치는 '사고'를 막는 데 더 신경을 썼기 때문이기도 하겠지요.

아주 중증 자폐의 경우 쉽지 않고 또 더디지만, 일반적으로 자폐인과의 의사소통과 상호작용은 한편으로는 자폐인의 훈련과 교육으로, 다른 한편으로는 비자폐인과 자폐인 상호 간의 노력으로 일정 정도 극복할 수 있습니다.

함께 생각해요!

자폐인이 의사소통과 상호작용에 서툰 것만이 아니라 반대로 비자폐인이
자폐인과의 상호작용에 서툰 것이라는 말에 대해 생각해 보고 이야기해 봅시다.

'마음이론'이 없는
자폐인

다른 사람의 마음을 헤아리는 것

한 교실에 동희와 연경이 있습니다. 동희는 배낭을, 연경은 에코백을 가지고 있지요. 동희는 자신의 과학교과서를 배낭에 집어넣고 잠시 나갑니다. 동희가 교실을 나간 후 연경은 동희의 배낭에서 과학교과서를 꺼내 자신의 에코백에 넣습니다. 여러분은 이 과정을 CCTV 영상으로 계속 지켜보고 있습니다.

여기서 질문. 잠시 뒤 교실로 돌아온 동희는 과학교과서를 어디에서 꺼내려고 할까요? 연경이 동희의 배낭에서 과학교과서를 꺼내 에코백에 넣은 걸 모르는 동희는 당연히 자신의 배낭에서 교과서를 꺼내려고 할 거예요. 그런데 이 쉬운 문제를 틀리는 사람이 있습니다. 자폐를 가진 사람 중 많은 이들이 CCTV 동영상을 계속 보고서는 동희가 연경의 에코백에서 과학교과서를 꺼내려고 할 거라고 생각합니다. 이유는 아주 간단해요. 동희의 입장에서 생각할 줄 모르기 때문이죠.

이렇게 다른 사람의 입장에서 생각할 줄 모르는 것을 '마음이론'이 없다고 합니다. 이 '마음이론'은 우리가 다른 사람과 같이 살아가는 데 있어 대단히 중요합니다.

물론 다른 사람의 마음을 이해한다고 다 좋기만 한 건 아니죠. 이런 경우를 생각해 볼게요. 집에서 휴대전화로 게임을 하고 있는데 엄마가 지나가면서 한마디 합니다. "휴대폰 그만 보고 공부 좀 하지?" 이런 말을 들었을 때 기분 좋을 사람은 별로 없지요. 엄마가 그걸 몰라서 그런 말을 할까요? 싫어할 걸 알지만 그걸 무릅쓰고 하는 말이죠.

이렇게 싫은 소리를 듣는 경우 우리의 반응 또한 마찬가지입니다. 엄마에게 짜증이 나지만 그와 별개로 엄마가 왜 그러는지 또한 이해합니다. 친구들끼리도 마찬가지예요. 싫어할 걸 뻔히 알면서 말할 때가 있죠. 내가 너무 화가 나서일 때도 있고, 친구가 잘되기를 바라는 마음에서 그럴 때도 있습니다.

이렇게 우리는 살아가면서 서로의 마음을 이해하고, 또는 이해하면서 거스를 때도 있습니다. 하지만 서로의 감정이나 생각을 대략 알기 때문에 어느 정도의 선을 지키면서 생활하죠.

또 친구들과 모여서 코인노래방에 갔을 때 한 친구가 노래를 엄청 못 부르더라도 그 앞에서 '너 참 노래 못 부른다'라고 이야기하지 않습니다. 친구가 좋아하는 아이돌 그룹 이야기를 하면 그 아이돌을 좋아하지 않더라도 맞장구를 쳐 주기도 하죠. 친구가 일요일에 놀자고 할 때 싫다고 말하는 대신 가족끼리 뭘 하기로 해서 안 된다고 이야기하기도 합니다. 친구가 서운해할까 봐서죠. 이렇듯 가족이나 친구와의 관계, 그리고 다른 관계에서도 서로의 마음을 이해하고 헤아려 말하고 행동하는 건 함께 어울려 살아가기 위해 굉장히 중요합니다.

그러니 다른 사람의 마음을 이해할 수 있는 능력이 없는 많은 자폐인이 사회생활을 원만하게 하기란 쉽지 않습니다. 이들은 이것을 학습을 통해 해결해야 합니다. 이것은 마치 우리가 영어를 배우는 것과 같아요. 미국이나 영국에 사는 이들은 쓰고 읽는 건 배워야 하지만 듣고 말하는 건 따로 배우지 않아도 능숙하게 합니다. 태어나서부터 줄곧 영어를 듣고 말하면서 자기도 모르게 배운 것이죠. 하지만 우리는 영어로 말하기와 듣기를 한 적이 없기 때문에 따로 배워야 합니다.

'마음이론'이 없는 자폐인들도 마찬가지예요. 우리는 어릴 때부터 다른 사람의 입장에서 생각하는 걸 아주 자연스럽게 배워서 알지만, 자폐인들은 타인의 입장을 고려해야 한다는 걸 배워야 합니다. 그리고 영어를 잘 배우는 이가 있고 어렵게 배우는 이가 있는 것처럼 다른 사람의 입장을 고려해 자신의 행동을 조절해야 하는 걸 배우는 것 또한 마찬가지입니다. 잘 배워서 곧잘 적용하는 이가 있고, 아무리 배워도 잘 되지 않는 사람이 있습니다. 같은 자폐라고 해서 다 똑같이 배우고 적용하는 걸 할 수 있는 건 아니라는 거죠. 물론 언제부터 배웠는지도 중요해요. 아주 어릴 때부터 부모님이 자폐인 걸 파악하고 이런 교육을 하면 좀 더 쉽게 배워서 적용하지만 나이가 어느 정도 든 후에 배우려면 쉽지 않습니다.

하지만 주의할 점이 있어요. 간혹 자폐를 가진 이들이 '마음이론'이 없다는 이야기를 듣고 그들에게 '마음'이 없다고 착각하는 사람들이 있는데, 이것은 틀린 이야기입니다. 자폐를 가진 이들은 다른 사람의 마음을 그 사람 입장에서 생각할 줄 모르는 것이지 마음이 없는 건 아닙니다.

또 하나 우리가 생각해 볼 점이 있습니다. 만약 누군가가 내가 어떻게 반응할지 알면서도 자꾸 내 신경을 거스르면 화가 나는 건 당연하죠. 나를 무시하는 것 같은 마음이 드니까요. 하지만 내가 어떻게 반응할지 모르고 거스르는 행동을 하는 사람에게 화를 내는 건 당연한 일이 아니겠죠. 그래서 우리가 자폐를 가진 이들을 대하는 자세에 대해서도 고민해 볼 필요가 있습니다.

예를 들어 평소 마카롱을 좋아하는 친구의 생일에 마카롱 한 상자를 예쁘게 포장해서 선물했다고 생각해 봅시다. 그런데 마침 그 친구는 마카롱을 한 스무 개쯤 먹고 난 다음이었어요. 그러니 마카롱 선물이 그다지 반갑지 않지만 선물해 준 사람의 성의를 생각해서 고맙다고, 먹고 싶었던 거라고 얘기하겠죠. 만약 "야, 나 지금 마카롱은 쳐다보기도 싫거든" 하면 친구관계를 끊자는 말로 들릴 거예요. 왜냐면 그런 상황에서 그런 말을 하면 상대방 마음이 어떨지 충분히 알기 때문이죠. 하지만 자폐인은 그렇지 않습니다. 자기가 하는 말을 상대방이 어떻게 받아들일지 모르기 때문에 자연스럽게 "난 지금 마카롱이 먹고 싶지 않아"라고 이야기합니다.

자폐인이 이렇게 말하는 건 상대방을 무시해서가 아니라 그냥 솔직한 것입니다. 그러니 '아, 쟤는 자기가 저런 말을 하면 내 마음이 어떨지 모르니까 어쩔 수 없지', 이렇게 생각할 수밖에요. 자폐인은 자신의 행동이 다른 이들에게 어떤 감정을 불러일으킬

지를 모르니까요.

함께 생각해요!
자폐를 가진 친구의 너무 솔직한 말에 어떻게 대응하면 좋을지 이야기 나눠 봅시다.

자폐인은
지능이 낮을까?

자폐인의 사회적 관계 지능

자폐라고 하면 대개 지능이 낮다고 생각하는 이들이 많습니다. TV 드라마 〈이상한 변호사 우영우〉(2022년) 등을 통해 서번트 증후군 등 자폐가 있어도 지능이 아주 높을 수 있다는 걸 알게 되었지만 우리가 현실에서 마주치는 자폐인들은 지능이 낮은 것처럼 보입니다.

여기에는 몇 가지 이유가 있어요. 먼저 우리말에 서툰 외국인을 생각해 보죠. 어떤 이가 "안녕하세요. 저는 윌리엄 스미스입니다. 저는 미국 캘리포니아에서 왔어요. 현재 44세예요. 카이스트에서 교수로 있어요"라고 어색한 억양과 말투로 자기 소개를 합니다. 우리는 그가 지능이 낮은 게 아니라 한국어에 서툴기 때문이라는 걸 알지만 이렇게 서툴게 말을 하면 대개는 지적 능력이 낮은 걸로 생각합니다. 저 윌리엄 스미스가 우리나라 대학에서 초빙한 교수라는 사실을 알기 전까지는 말이죠. 또 알아도 낮잡아 보는 사람도 있고요.

우리가 흔히 접하는 사람 중에 말을 저렇게 서툴게 하는 이들은 주로 지적장애인이었던 경험 때문입니다. 자폐인 중 상당수도 말하는 데 서툴기 때문에 실제로는 그렇지 않지만 지능이 떨어져 보이기도 하고요. 특히 상동적인 말을 반복하면 지적장애가 있다고 생각하기 쉽죠. 하지만 이들 중 상당수는 말 그대로 한국말을 잘 못하는 '외국인'일 뿐입니다.

또 지능이라는 것이 여러 측면이 있다는 걸 생각해야 합니다. 가령 자폐를 가진 경우 기억능력은 비자폐인에 비해 높은 경우가 많아요. 자주 접하는 예가 라틴어로 된 공룡 학명을 줄줄이 모두 외운다든가 초등학교에 입학하기도 전의 어린 나이에 외국어 단어를 어른보다 많이 외우고 있다든가 하는 것이죠. 또 시각적 기억능력이 뛰어난 경우도 많습니다. 틀린그림찾기를 비자폐인보다 훨씬 빨리 찾기도 하고 프로그래밍을 잘하는 경우도 무척 많습니다. 하지만 이런 능력은 겉으로 잘 드러나지 않지요.

반면 비자폐인에 비해 부족한 사회적 관계에 대한 자폐인의 지능은 확연히 드러납니다. 자폐인은 다른 사람의 마음을 읽는 능력, 그 마음을 읽고서 적절히 대응하는 능력, 이를 비언어적으로 그리고 언어적으로 풀어내는 능력 등이 부족한 경우가 많아요. 그러니 친구끼리 이야기하거나 같이 무언가를 할 때 자꾸 엇나가거나 뜬금없는 이야기를 하기도 하고 부적절해 보이는 행동을 하기도 합니다. 그런 모습이 지적장애가 있는 것처럼 보이는 것이죠. 그래서 자폐를 가진 친구를 지능이 낮다고 여기기 쉽습니다.

자폐인의 동반장애

자폐스펙트럼장애를 가진 이들 중 상당수는 다른 장애를 같이 가지고 있습니다. 앞서 자폐란 결국 뇌신경이 일반 경우와 다르게 발달하거나 혹은 발달하지 않거나 과도하게 발달해서 나타나는 현상이라고 했습니다. 그런데 이런 뇌신경 발달 이상은 자폐스펙트럼장애 외의 다른 신경발달장애, 즉 언어장애, 지적장애, ADHD(주의력결핍과잉행동장애), 틱장애를 가져오기도 해요.

그래서 자폐가 있는 친구 중에는 다른 신경발달장애를 가진 경우도 있어요. 이렇게 자폐 외에 또 다른 장애를 가진 것을 동반장애라고 합니다. 이런 동반장애 중 언어장애나 지적장애는 선천적인 경우가 많습니다. ADHD도 선천적인 경우가 많고요.

하지만 자폐인의 다른 동반장애는 선천적이지 않은 경우가 더 많습니다. 대표적인 예로 자폐스펙트럼장애가 있는 경우 강박장애나 우울장애, 양극성장애도 가지기 쉽습니다. 강박장애는 자신의 의지와 상관없이 특정한 사고나 행동을 시도 때도 없이 반복해서 하는 상태를 말합니다. 손을 씻을 때 비누가 남아 있는 것 같아 하루에도 수십 번 씻는 식이죠. 우울증은 일시적이 아니라 오랜 기간 침울한 기분이나 의욕 저하가 지속되는 상태를 말합니다. 양극성장애는 흔히 조울증이라고 하는데 감정이 몹시 흥분한 상태(조증)와 우울한 상태가 번갈아 나타나는 경우를 말합니다. 이런 장애는 선천적인 경우도 있지만 살아가면서 얻게 되는 경우가 더 많아요.

비자폐인이 강박장애나 우울장애, 양극성장애가 있는 경우의 상당수가 지속적으로 스트레스를 주는 환경의 영향 때문인데 이는 자폐인도 마찬가지입니다. 자폐인은 이런 스트레스를 받을 확률이 비자폐인에 비해 더 높기도 하고요. 자폐를 가진 경우 어려서부터 또래와 상호작용이 원활하지 못할 수가 많죠. 어린이

집에서 또 초등학교에서 주변 또래와 어울리지 못하는 상황 자체가 스트레스를 주게 됩니다. 상호작용을 원치 않는데 자꾸 상호작용을 하게끔 유도하는 환경이 스트레스를 주기도 하고, 반대로 상호작용을 하고 싶은데 서툴러서 스트레스를 받기도 합니다. 또 자폐에 대한 이해가 부족한 주변 사람들이 주는 스트레스도 많습니다. 이렇게 쌓인 스트레스를 적절하게 풀지 못하다 보니 강박장애나 우울증, 양극성장애가 비자폐인에 비해 많이 나타나는 것입니다.

동반장애는 자폐인뿐 아니라 다른 장애인에게서도 마찬가지로 나타납니다. 보통 장애인은 비장애인보다 평균수명이 낮은데, 그 이유는 이렇게 동반되는 장애 때문이라고 해요. 자폐스펙트럼장애인뿐만 아니라 다른 장애인의 경우도 우울장애나 강박장애, 양극성장애를 가지는 비율이 높은데 이 또한 살아가면서 얻게 된 경우가 많습니다. 장애인에 대한 차별적인 사회 분위기가 첫 번째 원인이고, 이동권·교육권·건강권 등 기본적으로 누려야 할 권리를 제대로 누리지 못하기 때문이기도 해요.

예를 들어 볼게요. 멀리 사는 부모님이 병원에 입원했다는 소식을 들어도 대중교통을 이용하기가 마땅치 않아 쉽게 가 보지 못합니다. 집 밖으로 나가기가 힘드니 사귀는 사람의 폭이 좁고 고립된 생활을 하게 됩니다. 스스로 노동을 해서 소득을 올리고 성취감을 얻고 싶지만, 기업은 장애인에게 쉽게 취업의 문을 열지 않습니다. 기껏 얻은 일자리는 단순노동을 반복할 뿐이라서 일을 통한 성취감을 얻기 어렵죠. 장애가 있다 보니 건강관리가 쉽지 않아서 위염, 식도염, 고혈압 등 다양한 질환이 생기기 쉽습니다. 이런 상황에선 누구나 스트레스가 쌓일 수밖에 없죠. 그래서 장애인의 경우 특히 우울장애가 동반되는 비율이 높습니다.

함께 생각해요!

자폐인뿐 아니라 다른 장애인도 동반장애를 가진 비율이 높은 현실을 어떻게 생각하나요? 개선할 방도가 없을까요?

자폐스펙트럼장애를
발견하기까지

정신의학이 발달하기 전 사람들은 뇌와 관련된 장애에 대해 잘 알지 못했습니다. 단순히 '정신장애'와 '지적장애' 정도로 나누었지요. 정신장애란 망상이나 환각 증세를 보이고, 사고나 기분의 장애를 가진 것으로 조현병, 우울장애, 양극성장애, 성격장애 등이 있습니다. 앞서 자폐인 중 우울증이나 양극성장애 등을 가진 경우도 있다고 했지요? 그래서 자폐를 가진 사람 또한 '정신장애'와 '지적장애' 둘 중 하나로 생각했습니다.

그러다 20세기 들어 세 명의 정신의학자가 자폐 혹은 발달장애가 정신장애나 지적장애와는 다르다는 사실을 발견합니다. 가장 먼저 1925년에 그루냐 수카레바Grunya Sukhareva라는 구소련(러시아)의 아동정신과 의사가 '자폐성 정신병'에 대한 논문을 발표합니다. 그 뒤 1944년 오스트리아의 소아청소년과 의사 한스 아스페르거Johann "Hans" Friedrich Karl Asperger가 자폐성 정신병이 다른 정신장애나 지적장애와 다르다고 진단하고 이를 논문으로 발표하죠. 하지만 자폐에 대한 이 두 사람의 연구는 다른 나라에는 잘 알려지지 않았어요. 당시 오스트리아는 독일과 함께 제2차 세계대전을 벌였던 나라여서 미국이나 영국, 프랑스 등의 연합국과 적대적 관계였던 것이 그 이유였습니다. 러시아와 오스트리아에서 자폐에 대한 후속 연구가 거의 이루어지지 않았던 것도 그 이유 중 하나였고요.

아스페르거와 거의 같은 시기인 1943년 미국에서도 정신과 의사인 레오 캐너Leo Kanner가 자폐증에 대한 논문을 발표합니다. 레오 캐너는 원래 오스트리아 사람이었지만 제1차 세계대전 이후 미국으로 이민을 왔어요. 그리고 1938년부터 열한 명의 어린이 환자를 관찰하면서 그들이 다른 정신장애와 다르다는 것을 발견하고 이를 논문으로 발표합니다. 아스페르거가 지적장애가 거의 없고 언어능력이 어느 정도 있는 아이들을 관찰한 것에 반해 캐너는 지적장애의 정도도 다 다르고 언어능력이 거의 없는 상태에서 어느 정도까지 있는 어린이들을 관찰했습니다. 캐너의 발표 이후 미국과 영국 등 서구 사회에서 본격적으로 자폐증에 대한 연구가 이어졌습니다.

자폐의 원인을 밝히기 위한 노력

이렇게 20세기 들어 세 번의 독자적인 연구에 의해 자폐증이 발견된 것은 우연이 아닙니다. 이때부터 정신의학이 본격적으로 발달하기 시작했고, 이와 더불어 소아정신과라는 분야가 확립되기 시작했기 때문입니다. 또 부모들이 이전에는 주변의 시선 때문에 숨겨 왔던 자녀들의 문제를 의학적으로 해결하고자 한 것도 하나의 이유일 수 있습니다.

이렇게 자폐가 지적장애나 정신장애와 다르다는 것이 밝혀지자 그 뒤 많은 사람이 자폐의 원인을 밝혀내려고 했습니다. 하지만 아직 명확하게 확인된 건 없어요. 초기에는 부모의 냉담한 모습 때문에 자폐가 생긴다고 생각했습니다. 한동안 '냉장고 엄마'라는 말이 유행했지요. 자녀가 자폐인 것도 안타까운 일인데 그 원인이 자신에게 있다는 이야기를 듣고 부모들이 얼마나 가습이 타고 스스로가 원망스러웠을지는 상상도 가지 않습니다.

그러나 계속된 연구 결과 결코 부모의 육아 방식이나 태도가 자폐를 만들지 않는다는 것을 확인했습니다. 현재는 유전적 요인이 자폐의 가장 주요한 부분이라고 생각하고 있습니다만 어떤 유전자가 자폐를 일으키는지는 확인되지 않았습니다. 또 유전이 원인이라는 가설이 가장 강력하지만 다른 원인도 완전히 배제하지는 못하고 있기도 하고요. 그런데 유전적 요인이라는 것이 부모가 자폐 유전자를 물려주었다는 걸 뜻하진 않아요(이에 대해서는 2장 1절 "자폐의 원인"에서 좀 더 자세히 설명했습니다).

자폐를 치료하기 위해 여러 방도를 찾았지만 수술이나 약물 등으로 자폐 증상을 없애는 방법은 없습니다. 다만 아주 난폭한 행동을 하거나 충동을 이기지 못하는 모습을 억제하는 약물요법은 있습니다. 하지만 이 또한 자폐에 대한 치료는 아니고 ADHD나 양극성장애, 성격장애 등 동반장애를 억제하기 위한 것이에요.

함께 생각해요!
'자폐스펙트럼장애'라는 용어와 개념이 확립되기까지 과정과 내용을 정리하고 그 의미에 관해 이야기해 봅시다.

치료일까, 교육일까

모두의 도움이 필요해요

감기에 비교해 볼게요. 감기에 걸리면 콧물이 나고, 기침을 하고, 목이 따갑고, 열이 납니다. 원인은 감기 바이러스 때문이에요. 병의원에 가서 진단을 받고 주사를 맞거나 약을 먹으면 증세가 가라앉습니다. 하지만 이는 감기 바이러스를 없애서 나타난 결과는 아니에요. 감기 바이러스를 죽이는 약은 아직 없습니다. 다만 우리가 먹는 약이나 주사에 기침을 멎게 하고, 콧물이 나지 않게 하고, 열을 내리는 효과가 있을 뿐이죠. 감기가 심할 땐 그런 증상만 없어져도 살 것 같아요. 이것을 대증요법이라고 합니다. 원인은 사라지게 하지 못하지만 그로 인해 생기는 고통과 불편함은 없애 주는 거죠.

자폐도 마찬가지입니다. 자폐의 다양한 증상을 나타내는 원인은 현재 치료할 수 없어요. 원인도 모르고 치료 방법도 모릅니다. 앞서 이야기했듯이 수술도 약물도 통하지 않습니다. 하지만 감기의 증상을 없애듯이 자폐로 인해 나타나는 다양한 현상을 줄이는 것은 가능해요. 물론 이 또한 사람에 따라 효과가 다르게 나타나긴 하지만요.

즉 말을 잘 못하고 다른 사람과 의사소통하기 힘들어하는 것을 훈련을 통해 개선할 수 있습니다. 물론 자폐가 없는 이들과 같이 완벽하게 개선되는 경우는 많이 없어요. 이전보다 나아지고, 다른 이들과의 소통이 조금 더 쉬워지는 정도죠.

그런데 이 과정은 특수교사나 자폐인의 부모, 그리고 의사 들의 노력만으로 이루어지지 않습니다. 자폐인이 만나는 그리고 만나야 하는 사람들 모두의 노력이 조금씩 필요해요. 그래서 이 책을 쓰는 것이기도 하고요. 아프리카 속담에 "아이 하나를 키우는 데 마을 전체가 필요하다"라는 말이 있습니다. 여러분이 어릴 때를 되돌아 생각해 보세요. 어린이집과 유치원, 초등학교에 다닐 때 어머니 대신 데려다주고 마중 나왔던 할머니나 할아버지 혹은 친구 어머니, 어린이집과 유치원의 선생님들, 급식 담당 선생님, 통학차 기사님, 초등학교 등하굣길을 지켜 주던 녹색어머니회 부모님들, 학교 보안관 할아버지, 언니, 오빠, 다니던 태권도 도장과 음악학원 등의 여러 어른들 모두 여러분이 안전하게 크는 데 도움을 준 사람들이죠.

거기다 가장 중요한 친구들. 어린이집에서 또 초등학교에서 지금까지 혼자만 쭉 있었다면 얼마나 외로웠겠어요. 우리는 모두 친구와 놀고, 다투고, 이야기하는 과정에서 자신도 모르게 조금씩 성장해서 지금의 모습이 되었어요. 우리가 그것을 의식하고 친구와 교류하는 것은 아니지만 지금처럼 성장하는 데 있어 친구들과의 교류는 필수적이었습니다.

이해와 배려가 필요해요

마찬가지로 자폐인이 사회생활에 잘 적응하기 위해 필요한 훈련을 거치는 동안 가장 중요한 사람 중 하나가 바로 같이 학교를 다니고 수업을 듣는 친구들입니다. 좋은 영향이든 나쁜 영향이든 마찬가지예요. 다른 친구들과는 사뭇 다른 자폐 친구의 반응에 여러분이 자연스럽게 반응하고, 왜 그런지 이해하려고 노

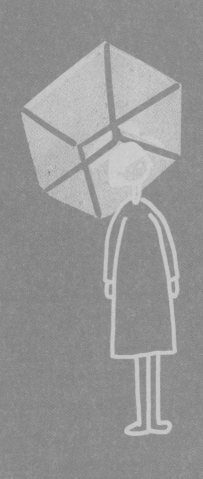

력하고, 같이 하고자 할 때 자폐 친구의 훈련과 교육은 그 성과가 더 높아질 것입니다.

요사이 제가 사는 동네 주변을 걷다 보면 길고양이를 자주 마주칩니다. 몇 년 전만 해도 사람이 보이면 숨기 바쁘던 고양이들이 이젠 제법 여유롭습니다. 주변에 해코지하는 사람이 없기 때문이죠. 고양이 입장에선 이렇게 사람에 대한 경계만 풀어도 훨씬 삶의 질이 나아질 거예요. 우리도 마찬가지입니다. 학교 주변 이면도로에서 쌩쌩 달리던 차들이 이제 어린 보행자를 배려해 속도를 낮추니 교통사고의 위험이 줄어듭니다. 경찰들이 학교 주변을 자주 순찰하니 범죄 위험도 낮아지죠. 이웃과 사이가 좋으면 그리고 친구와 사이가 원만하면 학교 공부를 빼놓곤 걱정이 많이 줄어들어요. 우리 일상의 질이 높아집니다. 이렇게 동물도 사람도 주변의 배려와 이해 속에서 삶의 질이 높아져요. 그리고 자폐인이 훈련과 교육을 받는 동안에도 마찬가지로 주변 사람들의 이해와 배려가 필요합니다.

또 하나 생각할 게 있어요. 자폐의 원인이 무엇이든 그들의 행동이 교정되어야 할 나쁜 것은 아니기 때문에 '치료'라는 말을 쓰는 것이 과연 적절한가 하는 의문입니다. 우린 모두 성격이 달라요. 급한 사람, 느긋한 사람, 욱하는 사람, 차분한 사람, 흥이 넘치는 사람, 냉정한 사람. 물론 정도가 너무 심해서 주변에 불편을 주는 이들도 있지만 그렇다고 해서 "넌 성격을 치료받아야 돼"라고 말하진 않죠. 사람마다 고유 특성이 있다고 생각하기 때문이에요. 물론 사회생활을 원만하게 하기 위해서는 자기 것을 조금씩 양보하고 다른 사람과 맞춰 나가려는 노력을 해야 합니다. 우리가 학교에 다니면서, 친구를 사귀면서 배우는 것이죠.

자폐인도 마찬가지라고 생각해야 하지 않을까요? 그들이 가진 다양한 특징, 그리고 공통적인 특징 또한 성격처럼 고유한 것이니 반드시 고쳐야 할 것은 아니죠. 다만 비자폐인이 주도하는 사회에서 자폐인 또한 보다 원만하게 살아가기 위해 배워야 할 것, 훈련해야 할 것이 있는 것이죠.

함께 생각해요!

"아이 하나를 키우는 데 마을 전체가 필요하다"라는 말의 의미를 여러분이 자라 온 시절과 그리고 지금 자폐 친구들의 입장에서 생각해 봅시다.

남들처럼 할 수
없다는 것

잘 보면 우리 모두 평범하지 않아요

정욱이는 중학생이 되자 갑자기 춤바람이 났습니다. 친구들이 공부할 때 몰래 유튜브로 댄스 동영상을 보고, 춤추길 좋아하는 친구들과 동아리도 만들었습니다. 학교 축제 때 공연을 하기도 하고, 그냥 취미인 줄 알았는데 댄스 학원에 다니겠다고 합니다. 정욱이 엄마는 이만저만 걱정이 아니죠. 그러다가 한마디 합니다. "제발 남들처럼 평범하게 공부할 순 없니?"

하지만 정욱이는 교과서를 봐도 춤추는 영상이 아른거리고,

잠을 잘 때도 홍대앞에서 댄스 버스킹을 하는 꿈을 꿉니다. 정말 춤추는 것 말고는 아무것에도 흥미가 없어요. 하루종일 댄스 생각만 해도 모자랄 판이죠. 정욱이는 다른 친구들이 공부하는 것보다 더 열심히 춤을 배우고 연습합니다. 결국 부모님도 정욱이가 춤추면서 가장 행복해한다는 걸 이해합니다. 대신 정욱이도 최소한 수업 시간에는 수업에 열중하고 수행평가도 열심히 준비하기로 합니다. 춤을 추는 것만큼 학교 공부를 열심히 하긴 힘들지만 자신이 해야 할 일을 아예 외면하지 않기로 한 것이죠.

우리 주변에는 괴짜가 많습니다. 매일 춤만 추는 정욱이도 그런 친구 중 하나겠죠. 물론 정욱이가 춤으로 성공할지는 아무도 모릅니다. 춤을 추는 친구들 중 커서 춤으로 인정받고 안정적인 생활을 할 수 있는 친구는 소수죠. 또 다른 친구는 매일 랩 가사를 쓰고 비트 타는 걸 즐깁니다. 그 친구도 래퍼로 성공할지는 모르는 일이에요. 전국에서 수많은 예비 래퍼들이 자신의 실력을 갈고 닦지만 늘 그렇듯 성공하는 이들은 소수입니다. 또 어떤 친구는 과학을 무지 좋아해서 온갖 과학책이며 동영상을 찾아 보지만 다른 과목에는 심드렁합니다.

우리는 전체적으로 대개 평범해 보이지만 자세히 들여다보면 완전히 평범한 사람은 하나도 없어요. 그런데 이런 괴짜들이 세상을 더 풍부하게 만드는 것 아닐까요? 음악이 너무 하고 싶어서 학교도 중퇴하고 음악만 하는 친구들도 드물지만 있습니다. 물론 그들 중 아주 소수만이 그 음악으로 성공하겠지만, 성공하지 못했다고 그런 노력을 폄하고 '평범하게 살라'고 할 수는 없지요.

다 함께 살기 위한 노력

자녀의 자폐를 발견한 부모들도 처음엔 대부분 우리 아이가 다른 애들처럼 평범하게 살 수 있으면 원이 없겠다고 생각합니다. 그리고 어떻게든 '정상적인' 삶을 살도록 유도하고, 치료하고, 고치려고 하지요. 하지만 앞서 살펴본 것처럼 자폐는 '치료'되는 것이 아닙니다. 증상을 완화하고, 다른 이들과 같이 살 수 있도록 교육하고 훈련하는 거죠. 그리고 그 성과는 사람마다 다 다릅니다. 어떤 이들은 자세히 살피지 않으면 모를 만큼 비자폐인과 비슷하게 일상을 살지만 어떻게 해도 제대로 말을 할 수 없거나 증상이 별로 완화되지 않는 경우도 있습니다. 그 가족들은 의사와의 상담을 거치며 자폐 자녀를 있는 그대로 받아들이는 것이 최선이라는 걸 알게 되지요. 그러면서 자폐를 가진 자녀가 어떻게 하면 더 행복하게 살 수 있을까에 집중하게 됩니다.

자폐를 가진 이들도 어린이집이나 유치원에 가고, 초등학교와 중학교에 진학합니다. 이 과정에서 비자폐인 친구들을 만나게 되지요. 자폐가 없는 친구들은 자폐를 가진 이들의 행동에 낯설어하고 놀랍니다. 그리고 생각합니다. '왜 쟤네들은 유별나게 행동하는 거지?' '남들처럼 평범하게 있으면 안 되는 거야?'

이 책에서 줄곧 했던 이야기가 바로 이 부분입니다. 자폐인들은 할 수 있는데 하지 않는 게 아니라 그렇게 할 수 없는 것입니다. 춤추는 걸 무엇보다 좋아하는 정욱이가 춤 대신 학과 공부를 선택할 수 없는 것처럼요. 하지만 자폐인이 정욱이랑 다른 점은 자폐로 인해 나타나는 다양한 모습을 자신의 의지로 혹은 교육이나 훈련으로 제어하는 데 한계가 있다는 점이에요. 나름대로 굉장히 노력하지만 노력만으로는 안 되는 지점이 있는 거죠.

이것을 이해하고 나면, 잘 이해되지 않는 자폐 친구의 행동이 조금은 이해되지 않을까요? 자폐를 가진 친구가 상동행동을 하고 가끔 자신의 머리를 쥐어박고 혼잣말을 하더라도, 그런 모습을 지켜보는 것이 다소 불편하더라도, 그런 삶도 있다는 걸 인정하는 것이 중요합니다. 그리고 다 함께 같이 살기 위한 노력이 우리 모두에게 필요하다는 점을 말하고 싶어요.

함께 생각해요!

서로 다른 개성과 재능, 능력과 조건을 가진 사람들이 서로 어울려 살아가기 위해 가장 필요한 것은 무엇일까요?

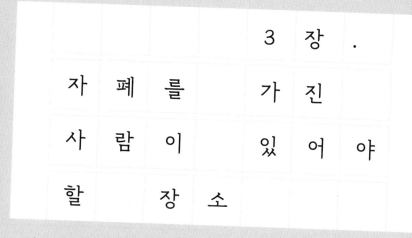

3 장.

자폐를 가진

사람이 있어야

할 장소

앞서 살펴본 것처럼 자폐를 가졌더라도 어려서부터 교육과 훈련을 지속하는 것이 비자폐인과 어울려 살아가는 데 있어 매우 중요합니다. 가족의 도움도 중요하지만 학교에서의 교육과 훈련도 핵심 사항 중 하나죠. 이를 위해 특수학급과 특수학교가 존재하는 것이고요.

이 장에서는 자폐인의 통합교육과 특수학교 교육에 대해 살펴보고, 자폐인과 비자폐인이 함께 교육받는 것의 의미와 필요성을 생각합니다. 나아가 '장애감수성'에 대해서도 생각을 뻗어 봅니다.

자폐 학생을 위한
개별화 교육

각자 다른 진도와 목표

보통 중학교 1학년 때 인수분해를 배웁니다. 이때 수학 선생님은 나름대로 목표가 있을 거예요. '우리 아이들이 쉬운 인수분해는 모두 잘 이해하고, 어려운 응용문제는 절반 정도의 아이들이 풀 수 있도록 가르치겠어', 이런 식으로 말이죠. 물론 모든 학생이 인수분해 척척박사가 되어 해당 범위의 모든 문제를 풀 수 있으면 좋겠지만 실제로는 각자의 노력과 재능 등에서 차이가 있으니 현실 가능한 목표를 잡습니다.

학생들도 각자 목표가 있지요. 이번 중간고사에선 평균 80점은 받아야지, 이번 시험에서 국·영·수는 최소한 50점 밑으로 받지 말아야지, 또는 시험점수는 어떻게 되든 상관없지만 이번 기획사 오디션에는 꼭 붙어서 연습생이 되겠어 등의 목표를 세울 수 있습니다.

자폐 학생도 각자 이런 목표를 가집니다. 물론 자폐를 가진 아이들이 직접 목표를 잡기보다는 특수교사나 부모님이 목표를 잡는 경우가 더 많아요. 요즘 초등학교나 중학교에는 발달장애 학생을 위한 특수학급이 보통 하나 정도는 있습니다. 특수학급을 담당하는 특수교사도 한두 분씩 계시죠. 특수학급을 맡은 이 선생님들이 하는 가장 중요한 일 중 하나가 바로 한 명 한 명에게 맞춘 개별화교육계획Individualized Educational Plan, IEP을 짜는 것입니다.

특수학급에는 다양한 학생이 있습니다. 자폐인 경우도 있고, ADHD인 경우, 지적장애인 경우, 그리고 여러 장애를 같이 가진 경우도 있죠. 같은 자폐라고 해도 그 증상이나 정도는 다 다르고요. 모두 같은 진도를 나갈 수 없으니 학생 각자에게 맞는 교육 계획을 세웁니다. 같은 학년의 다른 선생님과도 이야기를 나누고 부모님과도 상의해서 구체적인 목표를 세우죠. 그리고 이에 따라 학생을 지도합니다.

이 목표에도 두 가지가 있습니다. 하나는 학교 수업을 따라가기 위한 목표예요. 자폐가 있는 경우 일반학급의 수업을 받기 어려운 경우가 많아요. 하지만 포기하지 않고 조금씩이라도 따라가기 위해 목표를 잡는 것이죠. 보통 국·영·수 같은 학습 위주의 교육은 특수학급에서 학생들 수준에 따라 진도 교육을 하고, 그외 과목은 일반학급에서 다른 학생들과 같이 배우게 됩니다. 이때도 특수학급 선생님이 짜 준 계획은 학생마다 달라요. 우리가 수업시간에 선생님 말씀을 이해하는 정도가 다 다르듯 자폐 친구들도 수업 내용을 따라가는 정도가 다 다르니 거기에 맞춰 목표를 세우는 것입니다.

또 다른 목표는 이들의 특징과 관련이 있어요. 앞에서 살펴본 것처럼 자폐를 가진 경우 사회생활에서 여러 가지 일로 부딪치고 한계가 있기 마련입니다. 따라서 보다 원활한 사회생활을 하기 위해 필요한 것들을 익히는 것도 학습 목표가 됩니다. 비자폐인과 의사소통을 좀 더 잘할 수 있도록 훈련하는 것, 상호작용에 조금 더 익숙해지는 것도 목표입니다. 자폐를 가진 친구가 일반학급에서 비자폐인 친구들과 같이 수업을 받는 중요한 이유이기도 하죠.

위험한 상동행동이나 자해행동을 줄이는 것도 목표입니다. 되도록 덜 위험한 행동을 하도록 유도하고, 상동행동 대신 다른 활동으로 전환하도록 훈련을 하죠. 이와 함께 중증 자폐인 경우 사회생활에 꼭 필요한 교통질서 지키기나 상점에서 물건 사기, 길을 잃었을 때 부모님께 연락하기, 경찰관에게 부탁하기와 같은 부분도 훈련합니다.

이런 모든 지점에서 특수학급의 학생들은 저마다 목표가 다를 수밖에 없어요. 그래서 특수학급 선생님이 한 명 한 명에게 맞춰 개별화교육계획을 세우는 것입니다. 비자폐인 학생은 자신의 목표와 계획을 혼자서 어느 정도 세울 수 있고, 또 담임선생님이나 부모님의 도움을 받아 개별화가 가능합니다. 그러나 자폐인은 그렇지 않기 때문에 이들의 특성을 잘 아는 전문가가 부모님이나 다른 선생님의 협조 아래 교육 계획과 목표를 세웁니다.

함께 생각해요!

자폐 친구가 일반학급에서 함께 교육받는 이유를 알고 나서 한 교실에서 같이 공부하는 자폐 친구에 대한 나의 생각과 태도가 어떻게 달라졌는지 이야기해 봅시다.

통합교육의
필요성

서로 낯설지 않기 위해

언진이는 매번 수학시험에서 100점을 받고 지휘는 잘 받아야
30점입니다. 같은 학교 같은 학년이지만 한 명은 수업이 다 아는
내용이라서 지루하고, 다른 한 명은 선생님이 하는 말도 교과서
내용도 다 외계어 같기만 해요. 선생님 입장에서는 학생들이 수
준도 다르고 습득하는 정도도 다르니 중간 정도의 학생을 기준
으로 수업을 할 수밖에 없습니다. 이렇게 자폐가 없는 친구들도
수업에 따라 이해하는 정도도 다르고 관심도도 다릅니다.

자폐인 친구는 비자폐인 친구들에 비해 수업을 따라가기가 더 버겁습니다. 여러분이 대학생들과 같이 대학교에서 수업을 듣는다고 생각해 볼게요. 수업 내용은 무슨 소리인지 하나도 모르겠고, 나이 든 동기들은 전부 자기들끼리 떠듭니다. 같이 이야기하고 싶어도 도무지 대화 주제를 알아듣기 힘들어 강의실에 가만히 앉아만 있어야 한다면 얼마나 고역일까요? 자폐가 아니라도 지금 학교에서 이런 점을 느끼는 이들이 많을 거예요. 물론 자폐가 있더라도 수업 진도를 남 못지않게 잘 따라가고 성적도 좋을 수 있어요. 하지만 어떤 친구는 수업을 따라가기가 버거울 수 있고 아예 멍하니 있는 경우도 있겠죠. 자폐의 정도와 양상이 다 다르니까요.

자폐가 있는 경우 특수학교에 다니면 수업 진도를 따라가는 문제는 어느 정도 해결할 수 있습니다. 또는 홈스쿨링으로 해결할 수도 있지요. 그럼에도 비자폐인 친구들과 같이 일반학교에 다니도록 권하고 특수학급을 만들어서 통합교육을 하는 것에는 중요한 이유가 있어요. 이는 자폐인과 비자폐인 모두에게 해당됩니다. 간단히 말해서 같이 살아가는 방법을 익히고, 서로가 낯설지 않도록 하기 위해서죠.

아직 배우는 학생들에게는 다양한 사회생활을 경험하는 것 자체가 매우 중요합니다. 여러 체험학습을 하는 이유 중 하나죠. 박물관, 미술관, 농촌, 어촌, 대학교, 법원, 공원 등 다양한 장소에서 다양한 경험을 하는 것 자체가 훌륭한 교육이에요. 마찬가지로 우리 사회에 살고 있는 다양한 사람을 만나고 익숙해지는 것 또한 중요합니다.

그래서 학교도 장애인과 비장애인이 자연스럽게 만나고 같이 있는 공간이 되는 것이 중요해요. 그 과정에서 비자폐인, 비지적장애인 들은 자폐와 지적장애를 가진 이들의 특성을 배우고 이들과 어떻게 상호작용을 해야 하는지에 대해 배웁니다. 자폐를 가진 이들과 지적장애를 가진 이들 또한 그렇지 않은 이들이 다수인 이 사회에서 어떻게 상호작용을 하는지에 대해 배우고 사회생활의 규칙을 배우게 됩니다. 이런 교육과정을 통해 자폐를 가진 친구들은 나중에 커서 사회의 일원으로 삶을 살아갈 수 있게 되고, 우리나라 전체로 보면 장애감수성이 높아지게 됩니다.

이런 이유로 전 세계적으로 그리고 우리나라에서도 자폐가 있는 이들과 그렇지 않은 이들을 같이 교육하는 '통합교육'이 가

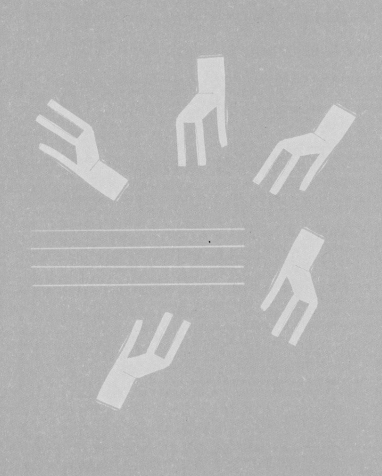

장 좋다고 이야기합니다. 자폐 증상이 크게 두드러지지 않거나 두드러져도 다른 학생들과 같이 공부하는 것이 아주 힘든 경우가 아니면 다른 학생들과 같은 반에서 공부를 하도록 하는 것이죠.

하지만 이런 상황이 마냥 쉬운 건 아니에요. 자폐인이 일반학급에 가면 동기들은 자폐 친구와 인사도 하고 간단한 이야기도 나눕니다. 이상한 행동으로 수업을 방해해도 참아 주기도 해요. 하지만 대부분 거기까지입니다. 비자폐인 동기들끼리 친하게 이야기하고, 장난도 치고, 가끔 다투기도 하면서 사회생활을 익히고 상호작용에 대해서 알아 나가지만 자폐인 친구와는 이런 교류가 쉽지 않기 때문이에요. 물론 개인에 따라 조금씩 다르긴 해요. 대인관계는 서툴지만 다른 이들과 상호작용하는 걸 좋아하는 친구는 일반학급의 친구들과 별 차이 없이 지내기도 하고, 상호작용을 힘들어하는 친구는 일반학급에서 꿔다 놓은 보릿자루처럼 혼자만 지내기도 하죠. 눈치가 빠른 친구는 학급의 분위기를 보면서 자신의 행동을 조절하기도 하지만 반대로 지금은 의자에 앉아 있는 시간, 지금은 밥 먹는 시간, 지금은 좀 돌아다녀도 되는 시간 정도만 파악하는 친구도 있습니다.

자폐 학생에게는 이 모든 상황이 특수학급에 있을 때보다 더 큰 스트레스가 되기도 합니다. 하지만 삶에 항상 쉽고 행복한 일만 있을 순 없지요. 힘들더라도 견디고 버티면서 조금씩 배워야 하는 것도 있으니까요. 자폐인과 비자폐인 모두요.

함께 생각해요!

수업을 방해하거나 이해되지 않는 반복적인 말과 행동으로 힘들게 하는 자폐 친구를 어떻게 대하는 것이 좋을까요? 어느 선까지 감수할 수 있을까요? 자폐가 아니더라도 같은 반에는 나와 맞지 않는 친구들이 있기 마련이죠. 서로 다른 개성이 모인 교실에서 같이 생활하기 위해 필요한 덕목은 무엇일까요?

턱없이 부족한
특수학교

자폐 증상이 심한 경우나 지적장애가 있는 경우 아이가 초등학교에 갈 때쯤 가족은 고민에 쌓입니다. 자녀를 특수학급이 있는 일반학교에 보낼 것인지 아니면 특수학교에 보낼 것인지 선택해야 하니까요. 특히 지적장애를 동반한 자폐 아동의 경우 현재 우리나라 상황에서 초등학교는 어떻게 보면 비장애인 또래와 어울릴 수 있는 마지막 기회이기도 해요. 중학교와 고등학교로 학년이 올라갈수록 일반학교는 대학입시에 맞춘 교육 위주로 운영되는 곳이 많고, 또 초등학교보다는 중학교가, 중학교보다는 고등학교가 특수학급이 있는 경우가 드물기 때문이에요.

게다가 지적장애를 가진 친구는 학년이 올라갈수록 그렇지 않은 친구와 학습능력의 차이가 더 많이 생기고 누적됩니다. 그래서 일반학교에 가더라도 동급생과 같은 교실에서 같이 수업을 받기보다 특수학급에서 교육을 받는 경우가 많지요. 그런데 사회에 나갈 준비를 하는 데는 현재로선 특수학교가 좀 더 유리한 측면이 있어요. 그래서 장애의 정도에 따라 초등학교가 일반학교를 다닐 수 있는 마지막 기회이기도 하고 혹은 중학교 정도가 마지막이 될 수도 있습니다.

2022년 통계를 보면 일반 초등학교 특수학급에 다니는 아이들은 약 3만 명 정도지만 고등학교로 가면 1만 명으로 3분의 1 정도로 줄어듭니다. 고등학교는 비교적 장애 정도가 심하지 않은 친구들 위주로 다니는 거죠.

항상 지원자가 넘치는 특수학교

모든 발달장애인이 일반학교에서 비장애인과 같이 통합교육을 받을 수 있으면 좋겠지만 어떤 이들은 장애가 심한 학생은 그들만을 위한 특수학교가 필요하다고 주장합니다. 현실적으로 일반학교에 통합교육을 하기 위한 여건이 마련되지 않았다는 것이 그 첫째 이유예요. 그리고 모든 일반학교에서 통합교육을 하기 위한 재정과 인력이 쉽게 준비되지 않을 거라고 여기기 때문이기도 합니다.

2021년을 기준으로 특수교육 대상자 중 지적장애가 5만1785명, 52.8로 가장 많고 자폐스펙트럼장애가 1만5214명, 15.5%로 그다음입니다. 이 둘을 포함하면 68.3%죠. 생각보다 훨씬 많지요? 이중 특수학교에 다니는 학생은 지적장애 1만4353명, 자폐스펙트럼장애 6246명입니다. 전체 대상자의 30-40% 정도입니다. 전체 특수교육 대상자로 폭을 넓히면 전체 대상자 중 27.8%가 특수학교에 다니고 있는 것이죠.

이들이 다니는 특수학교는 전체 187개 교, 학급수 5114개, 교사 9501명입니다. 이중 사립학교가 90개로 절반 정도를 차지해요. 그런데 특수학교는 장애별로 다니는 학교가 달라요. 가령 시각장애인이 다니는 학교가 있고, 청각장애인이 다니는 학교, 발달장애인이 다니는 학교가 다 다릅니다. 이중 지적장애인이 다니는 학교가 132개 교로 전체의 70.6% 정도를 차지해요. 자폐스펙트럼장애인도 이 학교에 다닙니다.

지적장애인이 다니는 132개 학교를 지역별로 살펴볼게요. 경기도에 32개가 있어 가장 많고, 서울에 16개, 부산에 12개, 경남에 10개의 학교가 있습니다. 그 외 지역은 통틀어 10개가 되지 않고요. 경기도에 총 28개 시와 3개 군이 있으니 경기도의 각 시와 군마다 지적장애인이 다닐 수 있는 특수학교가 한 개 정도 있다고 할 수 있겠죠. 하지만 서울은 자치구가 25개인데 학교는 16개이니 없는 구가 9곳 정도 됩니다. 부산은 15개의 구와 1개 군으로 총 16개의 행정구역으로 나뉘는데 학교는 12개입니다. 그나마 이 세 도시가 특수학교 비율이 가장 높아요. 강원도는 시와 군이 총 18곳인데 특수학교는 6곳밖에 없습니다.

이런 특수학교는 유치원부터 고등학교 및 전공 과까지 같이 있는 경우가 대부분입니다. 즉 초등학교부터 고등학교까지 줄곧 한 곳에 다니는 거죠. 이런 특수학교에 다니는 장애인은 대부분 중증 장애를 가지고 있어 일반학교에 가지 못하는 경우입니다. 그러니 등하교도 대개 혼자 하기 힘들겠죠. 그런데 서울의 경우도 자치구 하나당 1개 학교도 되지 않으니 스쿨버스를 도입하기도 힘듭니다. 구 전체에 흩어져 있는 학생들을 일일이 데리러 다니자면 등교에만 몇 시간을 쓸 수밖에 없으니까요. 거기다 자폐성 장애를 가진 경우 보호자와 함께 움직여야 하니 몇 명 타지도 못하겠죠. 그러니 여유가 있는 가정은 자가용 승용차로 등하교를 시키고, 그렇지 않으면 매일 버스나 지하철로 등하교를 해야 합니다. 비장애인 초등학생 대부분이 걸어서 10분 정도 거리에 있는 초등학교에 다니는 것과 비교가 안 되게 등하교부터 힘겨운 상황이죠.

그나마 서울이나 부산 등 대도시는 사정이 나은 편입니다. 강원도 같은 곳은 시군 경계를 넘어가자면 등하교에만 두 시간이 넘게 걸리기도 합니다. 게다가 유치원이 설치된 학교는 더 적어요. 상황이 이러하니 가족의 입장에서는 특수학교에 다니는 것보다는 주변의 일반학교에서 통합교육을 받는 것이 훨씬 편합니다.

그런데 증상이 아주 심한 경우가 아닌데도 자녀를 특수학교에 보내려는 부모도 있고, 주변 다른 지역에서도 입학 신청을 해서 특수학교는 항상 지원자가 넘칩니다. 특히 고학년으로 갈수록 이런 경향은 크다고 해요. 그 가장 큰 이유는 일반학교의 통합교육과정에서 받은 차별과 무시, 괴롭힘 때문입니다. 모두는 아니지만 반의 한두 명이 괴롭히더라도 당하는 자폐학생 입장에선 참기 힘드니까요.

또 다른 이유는 중학교에서 고등학교로 학년이 올라가면서 수업은 물론 학교 분위기가 점점 입시 위주로 바뀌기 때문입니다. 이 과정에서 자폐학생들은 소외당하기 일쑤고 그래서 일반학교에서 딱히 얻을 수 있는 것이 없으니까요. 특수학교가 턱없이 부족하고 일반학교 특수학급에서의 수업도 녹녹치 않은 현실에서 장애인의 교육 문제를 어떻게 풀어 나가면 좋을까요?

함께 생각해요!
자폐 및 기타 장애를 가진 친구의 입장에서 통합교육의 필요성과 특수학교 추가 설립 등의 문제에 대해 이야기해 봅시다.

장애감수성
확보하기

서로의 차이를 인정하기

예전에 제가 중학교에 다닐 때는 남자중학교와 여자중학교가 따로 있었습니다. 아주 드물게 남녀공학이 있어도 여자반과 남자반이 따로 있었지요. 하지만 시간이 지나면서 요사이는 초·중·고 대부분이 남녀공학이고 남녀 합반이죠. 오히려 남고나 여고가 드물어요.

이렇게 변화한 이유는 어릴 때부터 남녀가 같이 교육을 받아야 서로의 특성도 잘 이해하고 같이 어울리는 법을 알게 되기 때문입니다. 흔히 남녀 사이에는 건널 수 없는 강이 있어 서로를 이해하기 힘들다고 하는데, 설령 그게 사실이더라도 어릴 때부터 같이 지내면 서로의 차이를 인정하고 그 전제 아래 의사소통과 상호작용을 더 자연스럽게 할 수 있을 테니까요.

통합교육도 마찬가지입니다. 자폐학생만 무언가를 얻는 것이 아니에요. 비자폐인 그리고 비장애인이 자폐인 및 장애인과 같이 살아가는 방법, 그리고 '장애감수성'을 확보하는 과정이기도 합니다. 그런데 장애감수성이란 표현이 낯설지요? 장애감수성은 무엇이고 왜 필요한지 한번 살펴볼게요.

두 사람이 싸웠는데 한 명은 비장애인이고 다른 한 명은 자기주장을 명확하게 표현하기 힘든 발달장애인이라고 가정해 볼게요. 장애인은 사건의 발단이 비장애인이 자신을 괴롭혔기 때문이라고 이야기하는데 그 과정을 구체적으로 서술하지 못합니다. 반면 비장애인 당사자는 자신이 괴롭힌 일이 없고 장애인이 갑자기 덤벼서 어쩔 수 없었다고 주장합니다. 그 과정에 대해서도 자세히 시간 순서대로 이야기하죠. 그렇다면 이 장애인은 거짓말을 하는 것일까요? 아니면 실제 그런 일이 있었는데 장애 때문에 명확하게 표현하지 못하는 걸까요?

이것은 실제로 많이 일어나는 일이에요. 주로 시설에서 생활하는 장애인이 시설 관리인에게 피해를 입었다고 주장할 때 생기는 일이죠. 중증 발달장애를 가진 경우 자신의 주장을 증거를 가지고 논리적으로 이야기하기는 힘들어요. 그래서 두 당사자의 말뿐 아니라 사건 후 피해로 인해 나타나는 반응이나 변화, 주장의 구체성과 일관성, 주변 사람들의 증언 등을 포함해서 최대한 정확하게 정황을 판단하려고 애써야 합니다.

이를 위해서는 장애 당사자의 입장에서 바라보는 감수성이 필요해요. 원래 감수성이란 외부 자극을 느끼는 성질이나 심리적 능력을 말하는데 이런 경우에는 다른 사람의 감정과 생각을 느끼는 능력이 되겠지요. 단순한 인식에 머물지 않고 상대방의 입장이 되어 이해하는 능력이라고 볼 수 있습니다.

이런 감수성을 가지기 위해 무엇이 필요할까요? 가장 먼저는 차이를 인정하는 개방성이 필요합니다. 나의 정체성과 다른 정체성을 가진 이들을 인정하는 데서 출발하는 것이죠. 그런데 이런 개방성을 가지기 위해서는 어떤 차이가 있는지에 대한 이해가 먼저 있어야겠죠. 그래서 장애인과 비장애인이 같은 공간에서 교육받고 생활하는 통합교육이 필요한 것입니다.

그리고 장애감수성은 자기성찰이 전제되는 개념이기도 해요. 비장애인 중심으로 짜인 사회에서 당연하게 누리고 살았던 자신의 권리가 사실은 당연한 것이 아니라 일종의 불평등이었음을 깨닫는 과정이지요. 가령 오른손을 다쳐서 일정 기간 왼손으로만 생활하다 보면 이 세상이 온통 오른손잡이 중심으로 설계되었고 나는 그걸 누리고 있었다는 걸 새삼 알게 되는 것처럼요. 하지만 모든 상황을 체험하고서 알 순 없는 것이니, 그에 대한 깊은 성찰이 필요합니다.

통합교육을 통해 체득하기

장애인 등의 소수자에 대한 폭력에 대해서도 한번 생각해 볼게요. 폭력이란 것이 물리적 힘을 가하는 것만을 이야기하지는 않습니다. 예를 들어 웹툰을 보다가 감동해서 눈물을 흘리는 친구에게 "야, 남자가 무슨 눈물을 흘리고 그래. 여자처럼"이라고 이야기하는 것도 일종의 고정관념에서 비롯된 폭력이 되지요. 또 "장애란 극복할 수 있어" "봐, 저 사람은 장애가 있지만 열심히 노력해서 대학교수까지 되었잖아. 넌 왜 노력을 하지 않니?"라는 식으로 노력을 강요하는 것 또한 일종의 고정관념에 의한 폭력이라고 볼 수 있어요.

장애 정도가 사람마다 다르고 그 사람의 삶의 태도와 방향이 다 다른데 하나의 관점만 옳다고 여기고 이를 강요하는 행위는 일종의 폭력이라고밖에 볼 수 없습니다.

그런데 장애인과 같이 생활해 본 적이 없는 사람은 이런 말을 폭력이라고 생각하기 힘듭니다. 어려서부터 장애인과 같은 반에서 공부하고, 이야기하고, 때로는 다투기도 하면서 자연스레 이런 감수성을 체득하는 것이죠. 그래서 비장애인과 비자폐인 입장에서도 통합교육을 하는 것이 필요하고 중요합니다.

함께 생각해요!

서로의 차이를 인정하려는 노력은 자폐 친구에 대해서만 필요한 것은 아닐 거예요. '장애감수성'을 토대로 우리의 생각과 마음을 서로 다른 많은 사람들에 대한 이해로 확장해 봅시다.

장애인시설과
'탈시설'에 대하여

　정부의 통계자료를 살피다 보면 시설장애인과 재가장애인이란 용어가 자주 눈에 띕니다. 시설장애인이란 장애인을 위한 시설에 수용된 장애인이란 뜻이고, 재가장애인이란 가족과 함께 혹은 혼자 사는 장애인이란 뜻이에요. 언뜻 장애가 심한 경우 시설에 수용되어 전문적인 돌봄을 받으면 좋겠고, 장애가 심하지 않으면 집에서 사는 게 좋겠다고 생각할 수 있습니다. 하지만 장애인 권익을 위해 활동하는 많은 단체와 사람들은 이런 시설에 장애인을 수용하는 것에 대해 부정적입니다. 이들이 주도하는 사회 운동으로 '탈시설운동'이 있지요. 왜 그런지에 대해 한번 살펴보도록 해요.

처음 탈시설이 이야기될 땐 시설의 열악한 상황이 문제였습니다. 특히 자폐 등의 발달장애인과 지적장애인이 주로 수용된 시설의 문제가 심각했어요. 수용시설은 대부분 민간 사업자가 국가보조금을 받아서 운영합니다. 그러다 보니 주어진 보조금 안에서 운영하며 이윤도 확보해야 하니 시설이 열악할 수밖에 없었죠. 개인 공간이 없거나 충분하지 못한 문제가 첫 번째였어요. 그리고 시설에서 일하는 노동자를 충분히 확보하지 않았어요. 보조금은 정해져 있고 수익은 올려야겠으니 가장 간단한 방법은 일하는 사람을 줄이는 것일 테죠. 그러니 노동자 한 명당 해야 할 일이 많아집니다. 게다가 이런 시설은 24시간 운영해야 하므로 밤에는 일할 사람이 더 부족하겠죠.

결국 장애인에 대한 학대가 공공연하게 일어납니다. 장애인들은 그저 주는 밥을 먹고 종일 앉아 있거나 서성거릴 뿐입니다. 앞서 이야기한 상동행동이나 자해행동 등을 하면 손발을 묶어버리기도 했고 조그마한 방에 가두기도 했죠. 정부도 이런 시설에 대한 감독을 제대로 하지 못했습니다. 장애인에 대한 다양한 인권침해가 발생해도 대응하기 힘들었어요.

중증 장애인을 위한 시설의 환경이 좋아지고, 관리·감독이 제대로 되고, 일할 사람이 충분히 갖춰지면 시설에 사는 것이 괜찮을까요? 시설은 그 존재 자체가 문제입니다. 중증 장애인을 사회가 보듬지 않고 격리하겠다는 이야기이기 때문이죠.

시설에 있는 이들은 일종의 시설병에 걸립니다. 주어진 밥을 먹고, 주어진 시간에 운동하고, 주어진 장소에서 살아가는 과정에서 무기력해지고, 발전도 없고, 자기를 위해 어떤 결정도 하지 못합니다. 결국 무기력에 빠져서 아무것도 하지 못하는 존재가 되는 것이죠. 물론 특별한 경우 아주 단기간 보호가 필요한 이들을 대상으로 시설이 운영될 수는 있어요. 하지만 현재의 시설처럼 죽을 때까지 나가지 못하는 곳이라면 시설이라기보다는 종신 징역을 사는 감옥이라고 볼 수밖에 없는 것이죠. 그래서 탈시설 운동을 하는 이들은 자폐인을 비롯한 시설장애인들을 다시 가족에게 또 사회로 돌려보내야 한다고, 시설은 사라져야 한다고 말합니다.

또 어떤 이들은 시설에 사는 장애인의 '주거선택권'을 이야기합니다. 시설에 계속 있을지 아니면 시설을 나갈지 결정할 권리를 당사자가 가진다는 것이죠. 하지만 장애인단체와 국제연합UN

의 생각은 다릅니다. "유엔장애인권리협약"에 따르면, 일단 시설 수용은 '장애'를 근거로 한 '구금'입니다. 개인의 자유를 박탈하는 것이란 얘기죠. 누구도 자발적으로 원한다고 감옥에 계속 있을 수는 없습니다. 더구나 시설에 있는 사람 중 상당수는 중증 자폐인이거나 지적장애인입니다. 이들은 자신의 의사를 분명히 드러내기 힘들어요. 또는 의사판단 능력이 있고 이들이 자발적으로 시설에 남겠다고 해도 이는 선택의 문제가 아니라는 것이죠. 왜냐하면 '대안이 없어서' 남겠다고 하는 것이기 때문이에요.

예를 들어, 가족이 장애인을 돌보는 데 지쳐서 더 이상 같이 살기를 거부하는 경우, 가족이 워낙 가난해서 장애인을 돌볼 여력이 되지 않는 경우, 이미 가족이 해체되어 버린 경우 이들 중증 장애인에게 바깥 세상에서의 삶은 어려울 수밖에 없습니다. 선택의 여지가 없는 것이죠. 그래서 탈시설은 단지 시설을 폐쇄하는 것만을 뜻하지 않습니다. 시설을 나온 장애인들이 사회에서 살아갈 방안이 함께 강구되어야 합니다. 이런 의미에서 아직 준비가 되지 않았다는 주장은 사실 '준비가 될 때까지 계속 구금하겠다'는 의미밖에 되지 않습니다.

실제로 시설을 폐쇄하고 장애인들이 탈시설을 한 예가 있습니다. '향유의집'이라는 장애인시설을 운영하는 프리웰재단의 이사장은 탈시설 활동가예요. 그는 '향유의집'에 살던 장애인들의 탈시설을 도와주었죠. 하지만 아직도 이들이 사회에서 가족과 함께 있기 위해선 많은 제도적 장치가 필요합니다. 이 부분은 뒤에서 다시 다뤄 보겠습니다.

함께 생각해요!

장애인 시설의 필요성과 장애인의 주거선택권에 근거한 '탈시설'에 대해 두루 생각해 봅시다.

장애인은
어디에 살아야 할까

피부색에 따라 서로 다른 곳에 살아야 한다면 어떨까요? 아프리카대륙 제일 아래쪽은 예전에 영국의 식민지였습니다. 지금은 독립하여 남아프리카공화국이 되었지요. 그런데 20세기 내내 이 나라에선 아파르트헤이트정책이 펼쳐졌어요. '아파르트헤이트'는 아프리칸스어로 '분리'란 뜻이에요. 당시 남아프리카공화국의 지배층이었던 백인이 사는 곳과 흑인이 사는 곳을 분리했던 정책이죠.

버스 같은 대중교통도 백인이 타는 버스가 따로 있고, 병원도 백인이 가는 곳과 흑인이 가는 곳이 달랐습니다. 흑인이 백인 거주 구역에 가려면 별도의 신분증명서가 있어야 했죠. 백인과 흑인은 결혼도 할 수 없었습니다. 차별과 혐오에 바탕을 둔 말도 되지 않는 정책이었지요. 흑인들의 오랜 저항과 투쟁으로 지금은 폐지되었습니다.

정부의 정책은 아니지만 자신과 다른 이들을 배제하려는 모습은 21세기 우리나라에서도 종종 나타납니다. 예를 들어 공공임대주택을 지으려고 하면 그 지역 주민들이 반대하는 경우가 꽤 많아요. 교통이 혼잡해진다, 해당 지역 학교에 학생이 많아진다, 안전에 우려가 있다 등 다양한 이유를 들지만, 사실은 소득이 낮은 사람들이 살게 되는 공공임대주택을 자기 주변에 두지 않으려는 이기적이고 편협한 생각에서 비롯한 주장입니다.

또 어떤 아파트에선 자녀들을 특정 초등학교에 보낼 수 없다고 법원에 소송을 제기하기까지 했어요. 이유는 그 초등학교에 주로 인근 공공임대주택 아이들이 배정받기 때문이었어요. 아예 '잠재적 범죄자' '빈민아파트' 등의 적나라한 혐오 감정을 표현하기도 했는데, 사실은 그저 자기 지역에 가난한 사람들, 자신과 다르다고 여겨지는 사람들이 어울려 사는 걸 막겠다는 심산이었을 뿐이죠.

이런 모습은 장애인에 대해서도 마찬가지예요. 자기가 사는 지역에 장애인을 위한 시설 설치를 반대하는 이들이 생각보다 많습니다. 자신은 절대로 장애인이 되지 않을 것이라고 생각하는 거겠죠. 대표적인 예로 자기가 사는 아파트 단지에 장애인시설 설치를 반대하는 경우가 있습니다. 또 지적장애인 가족에게 자기 아파트에서 이사 가기를 강요한 일도 있었어요. 그런데 그 이유라는 것이 '장애인시설을 설치하면 집값이 떨어질 수 있다, 장애인 출입이 과다하여 사고 위험이 증가한다, 구청 앞에서 집회하는 장애인단체들을 보면 그런 시설이 보통 사람들이 사는 이곳에 들어와선 안 된다는 생각이 든다' 등입니다.

장애 학생들을 위한 특수학교를 지으려고 할 때 그 지역 주민들이 반대하기도 했지요. 요사이는 많이 줄었지만 예전에는 특수학교를 새로 지으려고 할 때마다 매번 지역 주민들이 반대하고 나섰습니다. 그래서 특수학교는 시내가 아니라 시 외곽에 설립된 경우가 많았어요.

장애 학생이 자기 자녀와 같이 수업을 받는 것에 대해 항의하는 학부모도 있습니다. 장애인이 같이 수업을 받으면 수업 진도를 나가는 데 방해가 된다고 주장했죠. 비장애인의 학습권이 장애인 때문에 침해당한다는 주장이었어요. 이런 이유로 중고등학교의 특수학급은 대부분 공립학교에 설치됩니다. 사립학교는 일부 학부모들의 이런 항의 때문에 특수학급 설치에 부정적이기 때문이에요. 그래서 가까운 사립 중고등학교에 가지 못하고 멀리 떨어진 공립학교에 진학해야 하는 자폐 학생도 많습니다.

만약 그런 주장을 하는 사람이 어떤 사고로 인해 장애인이 된다면, 스스로 사는 곳에서 이사를 해야 할까요? 자폐나 지적장애 같은 일부 장애를 제외한 대부분의 장애는 후천적이에요. 사고나 병으로 얻게 되는 것이죠. 0-10세 사이의 어린이들은 등록된 장애인이 100명 중 1명도 되지 않습니다. 그것이 연령이 높아질수록 늘어서 40대가 되면 100명 중 2-3명이 장애인이고, 60대가 되면 100명 중 10명 정도가 장애인이고, 70대가 넘으면 100명 중 30명 이상이 장애인입니다. 우리나라 장애인 중 90% 이상이 살다가 장애인이 된 경우입니다. 70세 이상 연령대 3명 중 1명이 장애인이라는 사실만 생각해도 장애인이 배제하고 격리해야 할 대상이 아니라 같이 살아야 할 존재임을 깨닫게 됩니다.

흑인은 백인과 같은 버스를 타면 안 되고, 공공임대 아파트에 사는 아이들과 비싼 아파트에 사는 아이가 같은 초등학교에 다니면 안 되고, 정신장애인은 모두 특별한 장소 그것도 주거지에서 먼 곳에 한데 모아 수용해야 하고, 노숙자는 역 광장이나 공원에서 쫓아내고, 장애인은 장애인끼리 살아야 한다는 주장은 인간의 가장 기본적인 권리를 망각한 혐오와 차별에 가득 찬 주장입니다.

함께 생각해요!

장애인의 90% 이상이 후천적이라는 것은 누구든 살다가 장애를 갖게 될 수 있다는 말이겠죠. 지금 나와 다르다고 차별하고 혐오하는 마음이 언젠가 그대로 내게 돌아올 수 있다는 사실을 한 번쯤 돌아볼 필요가 있지 않을까요? 내 안에 있는 차별하고 배제하려는 마음을 들여다보고 거기에 대해 이야기해 봅시다.

4장.

'자폐'라는

장애

자폐를 흔히 자폐스펙트럼장애라고 합니다. 그런데 장애란 과연 무엇일까요? 자폐가 장애가 되는 이유는 또 뭘까요? 단지 신체적 혹은 정신적 어려움이 있다는 것이 장애가 되진 않습니다. 자폐인과 그 가족 그리고 자폐 연구자 중에는 자폐가 장애가 아니라 자부심이라고도 이야기합니다. 이에 대해 살펴보겠습니다.

어려움 또는
장애

장애는 영어로 'disorder'와 'disability'라는 두 단어로 쓰입니다. 'disorder'는 원래 '무질서'란 뜻인데 '장애'라는 뜻으로도 쓰입니다. 이 경우는 일반적인 상태로 돌아갈 수 없다는 뜻을 가지죠. 가령 뼈가 부러진 경우를 생각해 볼게요. 이때 부러진 뼈는 적절한 치료를 받으면 원래 상태로 돌아갑니다. 이것은 일시적 어려움일 뿐이죠. 그러나 불행한 일이지만 만약 척추 골절로 신경이 끊어진 경우라면 신경을 연결해서 되살릴 수 없습니다. 이렇게 되면 영구적으로 손상이 남죠. 물론 태어나면서부터 이런 장애를 가지기도 해요. 이렇게 이전의 상태나 일반적인 상태로 되돌아갈 수 없는 손상을 입었을 경우 우리는 '장애'라는 표현을 씁니다. 시각장애, 청각장애, 발달장애 등에는 이런 의미가 있습니다.

그런데 과연 손상을 입는다는 건 어떤 의미일까요? 예를 들어 머리카락을 생각해 볼게요. 보통 나이가 들면 머리카락이 빠지고 특히 남성은 꽤 높은 비율로 대머리가 됩니다. 이 또한 머리카락이 풍성한 경우와 대비하면 일종의 손상이라 할 수 있지요. 그런데 이것을 장애라고 부를 수 있을까요?

나이에 따라 다를 수도 있어요. 10대에서 30대 정도라면 대부분 대머리가 아니죠. 이렇게 젊은 나이에 머리가 빠지고 다시 나지 않는다면 사람에 따라선 심각한 문제가 됩니다. 실제로 모발 클리닉 등에는 이렇게 젊어서 탈모 문제로 찾아오는 이들이 많아요. 하지만 나이가 60대를 넘어가면 탈모가 진행된 사람이 많아집니다. 또래가 같이 탈모가 되니 스트레스도 덜하고, 가발을 쓰거나 탈모 치료를 받지 않고 그냥 지내는 사람도 많죠. 물론 나이가 들었다고 다 탈모에 대해 스트레스를 받지 않는 건 아니에요. 어떤 이들은 가발을 구입하거나 모발 클리닉에 다니기도 합니다. 결국 탈모 자체가 주는 신체적 손상이 문제가 아니라 그에 대한 사회적 시선이 탈모인에겐 더 큰 문제가 되는 것이죠.

또 다른 손상도 생각해 볼 수 있습니다. 가령 어떤 사람이 사고로 왼손 네 번째 손가락이 절단되어 영구적 손상을 입었다고 해 봅시다. 처음에는 불편한 면이 없지 않았지만 적응이 되자 일상생활에 큰 불편이 없습니다. 물론 신체의 일부가 손상된 경우 법적으로 '장애'라고 합니다. 하지만 그로 인한 일상의 불편은 별로 없는 경우도 많죠. 그런데 이 사람은 밖에 나갈 때 항상 왼손에 장갑을 낍니다. 대부분의 사람은 이 사람의 손가락 절단에 큰 관심이 없지만 어쩌다 상대방의 눈길이 자신의 왼손에 닿는 것이 영 불편하기 때문이죠. 이 경우 생활에서의 불편보다 오히려 더 신경을 쓰는 것은 타인의 시선입니다.

타인과 다르다는 것

비장애인과 구분되는 신체적 손상 혹은 정신적 손상이 있는 경우는 굉장히 흔합니다. 앞에서 예로 든 것뿐만 아니라 근육의 손상이나 관절의 손상도 있죠. 이런 경우 가만히 있을 때는 잘 드러나지 않지만 움직일 때는 비장애인과 다른 모습이 나타납니다. 걷는데 한쪽 팔이 움직이지 않고 가만히 있다거나 다리를 절룩인다든가 하는 등의 모습이죠. 이런 손상을 입은 사람은 대부분 일정한 시간이 지나면 그 상태에 적응해 일상생활에서 큰 불편을 느끼지 못하거나 다른 보조장치를 이용해서 크게 무리 없는 생활을 해 나갑니다.

얼굴에 화상을 입은 경우도 마찬가지예요. 치료가 잘 끝났어도 피부에는 영구적 손상이 남기 쉬운데 그렇다고 일상생활이 불편하지는 않습니다. 이들에게 문제가 되는 건 손상 자체가 아니라 손상을 보는 타인의 시선과 편견이에요. 그런 의미에서 장애는 대단히 사회적입니다.

이때 장애는 타인과의 다름이 주를 이룹니다. 대부분의 사람이 머리카락이 있는데 머리카락이 없는 사람, 다른 이들은 모두 다섯 손가락인 데 반해 손가락이 네 개거나 여섯 개인 경우, 피부색이 다른 경우, 다른 이들과 걷는 모습이 다를 때 등과 같은 경우죠. 이런 타인과의 다름이, 그리고 이에 대한 사회적 차별과 편견이 오히려 스트레스가 되어 우울증, 조울증, 조현병, 강박장애 등을 불러오고 일상생활을 힘들게 만드는 또 다른 원인이 됩니다.

동일한 손상, 동일하지 않은 활동 영역

'disability'라는 측면에서의 장애에 대해서도 생각해 볼게요.

'disability'는 'dis'와 'ability'의 합성어입니다. 즉 어떤 일을 할 수 있는 능력이 없다는 뜻이에요. 가령 혼자 힘으로 걸을 수 없는 경우를 생각해 보죠. 원인은 척추신경 마비나 다리 절단 혹은 뇌병변 등 다양할 수 있지만 중요한 것은 그 결과로 인해 다른 도구에 의지하지 않고 혼자 보행하는 것이 불가능하다는 사실입니다.

그런데 이런 능력 부재라는 말에는 두 가지 측면이 있습니다. 척수마비로 보행이 불가능한 경우를 생각해 볼게요. 이 사람은 보행이 불가능합니다. 하지만 만약 그가 서울에 살고, 전동휠체어가 있고, 전동휠체어를 탄 상태로 운전할 수 있는 장애인용 승용차가 있다면 서울 시내 대부분을 갈 수 있습니다. 전동휠체어가 있지만 장애인용 승용차가 없다면 혼자서 이동이 가능한 공간은 동네 부근 정도겠죠. 휠체어를 타고 동네를 벗어나기란 쉽지 않으니까요. 그런데 아예 전동휠체어도 없다면 자신의 방 밖으로 나가는 것 자체가 힘듭니다. 동일한 손상이라도 어떤 환경에 처했느냐에 따라 이처럼 할 수 있는 일에서 차이가 납니다.

시각장애인도 마찬가지입니다. 시각장애인은 시각장애인 안내견이 있거나 활동보조인이 있으면 외부활동을 하는 것이 불가능하지 않습니다. 하지만 활동보조인과 안내견이 없는 상태라면 도로를 걷는 것이 대단히 위험하겠죠. 즉 동일한 손상이 동일한 능력 부재로 이어지진 않는다는 것입니다.

또 사회가 얼마나 장애 친화적인가에 따라 동일한 손상이라도 할 수 있는 일에서 차이가 나타납니다. 전에는 시내버스 중 휠체어를 탄 상태로 탈 수 있는 저상버스가 없었습니다. 휠체어를 탄 상태로 탈 수 있는 버스가 없다 보니 버스로 어디론가 이동하는 건 불가능했지요. 지하철역 중에도 엘리베이터가 있는 역이 거의 없었어요. 당연히 지하철을 탈 수도 없었습니다. 고속버스는 현재도 휠체어를 탄 상태로 탈 수 있는 노선이 거의 없습니다. 만약 전동휠체어를 타고 다른 지방으로 가려면 열차를 이용하거나 아니면 개인이 따로 이동수단을 마련해야 하죠. 그리고 휠체어를 탄 상태에서 출입할 수 있는 건물이나 가게도 예전에는 거의 없었습니다.

횡단보도에서 신호가 바뀔 때 소리가 나는 건 시각장애인을 위한 장치입니다. 지하철에서 열차가 들어올 때 안내방송이 나오는 것도 시각장애인을 위한 것입니다. 지하철역에 엘리베이터가 설치되고, 저상버스가 도입되고, 건물 입구에 장애인용 경사로가 설치되고, 동네 뒷산에 전동휠체어로 오를 수 있는 무장애 데크길이 설치되는 것 또한 장애인의 이동권을 위해서입니다.

이렇게 사회적 장치가 증가함에 따라 동일한 손상을 입었어도 할 수 있는 일의 영역은 달라집니다. 그런 의미에서도 손상이 곧 장애는 아니며 장애의 범위는 사회적이라고 볼 수 있습니다.

함께 생각해요!

주변에서 장애인을 위한 사회적 장치를 찾아 봅시다. 그 사회적 장치의 역할에 대해서도 생각해 봅시다.

장애의
불평등함

소득에 의해 결정되는 장애

한 학급에 눈이 나빠 안경을 쓰는 학생이 절반 이상은 될 거예요. 우리나라의 경우 대도시 청소년의 90% 이상이 근시라고 하니까요. 하지만 안경을 쓴다고 시각장애인이라고 하지는 않죠. 안경을 쓰는 것이 조금 불편하긴 해도 일상생활에 별 무리가 없기 때문이지요(물론 안경을 써도 일상생활에 큰 불편을 겪는 경우는 시각장애라고 합니다).

그런데 만약 안경을 쓸 수 없는 상황이라면 어떨까요? 안경을 쓰는 사람 중 30% 정도는 안경을 쓰지 않으면 버스정류장에서 버스 번호를 제대로 볼 수 없어 어려움을 느낍니다. 또 간판이나 교통표지판, 이정표 등 길을 찾아가는 데 필수적인 표지들도 보기 힘들죠.

시력이 많이 약한 사람은 안경을 맞출 때도 비용이 더 많이 듭니다. 한번 맞춘 안경을 계속 쓸 수 없으므로 정기적으로 시력을 측정해서 새 안경을 맞춰야 하고요. 안경을 맞추는 비용도 가정 경제에 제법 부담이 되지요. 지난 코로나19 시기에 정부가 재난지원금을 지급했을 때 저소득층이 가장 많이 소비한 제품이 안경이었다고 해요. 코로나19 상황에서 여러 이유로 살림이 어려워지자 새로 안경을 맞추는 것이 부담이었던 것이죠.

이렇게 생각했을 때 시각장애는 소득에 의해 결정된다고 볼 수 있습니다. 시력이 변했거나 안경이 깨졌는데도 살림이 어려워 새 안경을 맞추지 못하고 기존 안경을 계속 쓴다면 시각장애인이 될 수 있지요. 반면 집안 살림이 넉넉해서 언제든 딱 맞는 안경을 맞춰서 쓸 수 있다면 장애를 거의 느끼지 못할 테고요.

거리를 걷다 보면 골목길에서 전동휠체어로 이동하는 이들을 종종 마주칩니다. 그런데 자세히 보면 다들 비슷한 전동휠체어를 탑니다. 여기에는 이유가 있어요. 장애인은 정부에서 지원금을 받을 수 있는데, 저소득층은 209만 원, 저소득층이 아닌 경우에는 167만 원을 받습니다. 현재 정부 지원금으로 구입할 수 있는 전동휠체어는 34종이지만, 이중 지원금만으로 구입할 수 있는 비교적 저가의 전동휠체어는 5개종뿐입니다. 나머지는 가격이 더 비쌉니다. 아주 고가의 제품은 3천만 원이 넘기도 하고, 지원금을 받을 수 있는 제품으로 한정해도 1400만 원 가까운 제품도 있습니다. 가난한 장애인들은(장애인 가구는 일반 가구에 비해 소득이 낮습니다) 정부 지원금만으로 살 수 있는 제품을 살 테니 다들 비슷한 전동휠체어를 타고 다니는 것이죠.

우리는 전동휠체어를 거리에서만 보지만 걷는 것이 불가능한 장애인은 침대에서 일어나 다시 누울 때까지 종일 전동휠체어에서 생활합니다. 하루 열다섯 시간 정도를 계속 앉아 있어야 하는 전동휠체어니 되도록 편안한 걸 사고 싶지만 상황이 여의치 않은 경우가 많겠죠. 다기능 전동휠체어는 높낮이 조절도 손쉽고, 원하는 대로 섰다 앉았다를 할 수 있고, 침대처럼 눕는 것도 가능하지만 가격이 3천만 원이 넘습니다.

장애를 극복한다는 것

이런 사정은 자폐도 마찬가지입니다. 다행히 생활에 여유가 있는 경우 그리고 한두 살 정도에 자폐 증상을 발견한 경우는 자폐가 가지는 여러 가지 부작용을 최대한 줄이는 훈련과 교육을 받을 수 있습니다. 반면 형편이 어려운 집에서 태어나거나 자폐 발견이 늦어지면 같은 정도의 자폐라도 어릴 때 충분한 교육을 받을 수 없지요. 자폐 관련 훈련과 교육 혹은 치료비용은 꽤 비싸서 한 달에 200-300만 원씩, 그것도 몇 년간 계속 들어가니까요. 어릴 때 충분한 교육을 받지 못한 경우 크면서 개선되지 않는 것은 물론 상황이 악화하기도 합니다. 집에서 부모와 하는 훈련만으로는 한계가 있기 때문이죠.

또 자폐 증상이 심하면 어린이집이나 유치원에서 통합교육을 받기 힘듭니다. 이런 경우 특수 유치원으로 가야 하는데 이 또한 만만치 않아요. 부모님 중 한 분은 하던 일을 그만두고 아이의 등·하원과 전문 치료기관을 오가는 데 온통 신경을 쓸 수밖에 없기 때문이죠.

앞서 소개한 캐나다의 중증자폐인 칼리 플라이슈만도 그렇습니다. 개인의 노력도 중요했겠지만 10여 년 동안 개인 치료사 두 명을 계속 고용할 수 있는 집안의 경제적 능력이 없었다면 지금처럼 노트북으로 소통하는 칼리 플라이슈만이 되기는 힘들었을 거예요.

미디어에 소개되는 소위 성공했다고 이야기하는 혹은 자폐

를 극복했다고 이야기하는(자폐를 존재 자체로 받아들여야 한다고 생각하는 입장에서는 자폐를 극복했다거나 성공했다고 표현하는 것 또한 문제라고 여깁니다) 대다수 사례를 보면 부모 중 한 명이 자폐 자녀에게 집중할 수 있는 상황이고, 또 다양한 훈련 프로그램에 한 달에 몇백 만 원의 비용을 지불할 수 있는 경우가 대부분입니다.

결국 신체적·정신적 이상은 타고나거나 사고로 인해 발생하지만, 이런 이상이 장애가 되고 생활의 폭을 좁히는 데는 경제적 문제가 항상 따라다닙니다. 그렇다면 반대로 사회가 그리고 정부가 소득에 따른 불평등이 장애의 영역에서 나타나지 않도록 정책을 만들어야 하는 것 아닐까요?

함께 생각해요!

적어도 장애의 영역에서는 소득에 따른 불평등을 최소화하기 위해 먼저 할 수 있는 일들을 생각해 봅시다.

오른손 사회

만약 여러분이 오른손잡이라면 어떤 용어의 의미가 불충분하다는 걸 깨닫지 못할 거예요. 가령 종이를 자르려고 든 가위는 그냥 가위가 아니라 '오른손잡이용 가위'입니다. 잘 모르겠다면 그 가위를 왼손에 끼워 보세요. 가위질하기가 영 불편합니다. 그것은 왼손을 잘 못 써서이기도 하지만 애초에 그 가위가 오른손에 끼고 사용하도록 제작되었기 때문이기도 해요. 또 대부분의 문손잡이는 그냥 문손잡이가 아니라 '오른손용 문손잡이'입니다. 일단 손잡이가 문의 오른쪽에 달려 있고, 왼쪽으로 밀거나 앞으로 당기거나 뒤로 밀도록 되어 있습니다. 이 손잡이를 왼손으로 잡으면 앞선 행동들에서 상당히 어색함을 느낄 수밖에 없어요. 이 또한 왼손을 쓰는 일이 어색하기 때문이 아니라 애초에 그것이 오른손으로 사용하도록 설계되었기 때문입니다.

이 문손잡이가 돌려서 여는 것이라면 또 하나의 오른손용 작동기제가 추가된 것이죠. 대부분의 문손잡이는 오른손으로 잡고 바깥쪽으로 돌리면 열립니다. 그 손잡이를 왼손으로 잡아 봅시다. 이제 손잡이를 안쪽으로 돌려야 하는데 오른손으로 몸 바깥쪽으로 돌릴 때와는 비교가 되지 않게 불편합니다. 문손잡이를 문 가운데 둘 수 없으니 왼쪽이나 오른쪽 하나를 선택해야 했고, 더 많은 사람이 쉽게 이용하도록 오른쪽에 단 것이겠죠. 아니면 그것을 만든 사람이 오른손잡이라서 별다른 고민 없이 자기 편하게 만든 것일 수도 있고요.

가위든 문손잡이든 마우스든 키보드든 휴대전화든 손으로 사용하는 물건은 대부분 오른손잡이가 사용하기 편하게 제작됩니다. 그리고 대부분의 오른손잡이는 이 사회가 오른손잡이를 중심으로 돌아가고 있다는 사실 자체를 모른 채 살아가죠. 어떤 오른손잡이는 이왕 이렇게 된 거 왼손잡이도 오른손을 사용하면 되지 않느냐고 이야기하기도 합니다. 하지만 입장을 바꿔 생각해 보세요. 오른손잡이에게 왼손잡이용 가위를 사용하고, 왼쪽 편에 붙은 손잡이를 돌리고, 왼손으로 마우스를 쓰라고 하면 어떨까요? 오른손잡이로 태어났는데 어려서부터 왼손으로 숟가락과 젓가락질을 하도록 하고, 왼손으로 글씨를 쓰고, 모든 일을 왼손에 맞춰서 하라고 하면 화부터 나지 않을까요? 이런 일을 왼손잡이는 오랜 세월 동안 겪어 왔습니다.

장애인을 위한 사회적 노력

왼손잡이가 오른손잡이 사회에서 불편을 겪을 수밖에 없듯이 장애인이 이 사회에서 불편을 겪는 이유도 이 사회가 비장애인 사회이기 때문입니다. 가벼운 보행장애를 가진 이들은 인도를 통해 이동하는 데 큰 무리가 없습니다. 하지만 계단을 올라가는 건 힘에 부치죠. 그래서 지하철역마다 에스컬레이터를 설치하게 됩니다. 그러나 바퀴 달린 보행기를 이용하는 좀 더 장애가 심한 이들은 인도를 따라 걷는 것도 쉽지 않죠. 간혹 공사 중인 경우에는 아예 차로로 길을 걸을 수밖에 없기도 하고요. 에스컬레이터를 이용할 수도 없습니다. 비가 오면 우산을 쓰고 걷기도 힘들어요. 전동휠체어를 탄 경우 또한 마찬가지죠.

이런 보행장애인을 위한 시설이 도시 곳곳에 설치되고 있습니다. 요사이 건널목을 보면 인도와 건널목 사이에 예전의 턱을 없애고 경사를 두어 전동휠체어가 큰 위험 없이 건널 수 있게 되어 있죠. 공공기관의 입구에도 경사로를 두어 전동휠체어가 드나들 수 있도록 해 두었고요. 지하철역이나 육교에 엘리베이터를 설치하는 것도, 공중화장실에 별도의 장애인 전용 화장실을 두는 것도 이들을 위한 조치입니다. 요즘에는 동네 뒷산 등산로에도 전동휠체어를 타고 오를 수 있도록 무장애 데크길을 설치하는 곳이 늘어나고 있습니다.

그런데 이런 조치는 전동휠체어를 타는 이들만을 위한 건 아니에요. 이들보다 장애가 가벼운 이들도 같이 이용할 수 있으니까요. 지하철역 엘리베이터만 하더라도 전동휠체어를 탄 이들뿐 아니라 가벼운 보행장애가 있는 노인이나 임산부, 유아차를 동반한 이들도 편하게 이용하죠.

이렇듯 장애 자체가 가지는 불편함은 정부나 지방자치단체 그리고 다양한 사회 구성원의 노력을 통해 줄어듭니다. 장애가 사라지지는 않지만 장애가 삶의 방해가 되는 정도는 감소하는 것이죠. 그렇다면 자폐나 다른 발달장애 그리고 지적장애도 마찬가지가 아닐까요? 이들이 가진 장애는 사라지지 않겠지만 사회적 노력에 의해 이들의 삶의 방식은 완전히 바뀔 수 있습니다.

애초에 건물을 만들 때 턱을 만들지 않으면 장애인이든 비장애인이든 불편할 이유가 없습니다. 모든 건물에 엘리베이터가 있으면 장애인과 비장애인 모두 편하게 이용할 거예요. 장애인 전용 화장실이 모든 공용 화장실에 있다면 화장실에 볼 일 보러 간 장애인과 비장애인이 서로 불편한 경우가 생기지 않겠죠.

자폐인도 마찬가지로 이야기합니다. 지금까지의 사회는 비자폐인에게 맞춰 이루어진 것이라고요. 그래서 자신들이 억지로 비자폐인의 사회에 맞춰 살아야 했다고 말이죠. 왼손잡이가 오른손잡이 세상에서 불편한 것이 왼손잡이의 잘못이 아니듯 자폐인이 비자폐인 중심의 세상에서 불편한 것은 자폐인의 잘못이 아닙니다. 그리고 왼손잡이용 가위가 나오고, 왼손잡이용 키보드와 왼손잡이용 기타가 나오듯이 자폐인에게 맞춘 사회생활도 필요하다고 말합니다. 여러분은 어떻게 생각하나요?

함께 생각해요!

다양한 사람이 어울려 살아가기 위한 조치로서 다수을 위한 것뿐 아니라 소수를 위한 배려까지 이루어질 때 보다 따뜻한 사회가 될 거예요. 소수를 위한 사회적 배려에 대해 생각을 확장해 이야기해 봅시다.

실종이 두려운
발달장애인 가족

지적장애나 발달장애를 가진 경우도 이동이 두려운 건 마찬가지입니다. 간혹 버스나 지하철에서 지적장애인이나 발달장애인을 만나는 경우가 있지요. 어느 정도 훈련과 교육을 거친 자폐인은 대중교통을 이용하는 것이 그리 어려운 일은 아니에요. 그런데도 가족은 불안합니다. 지적장애인이나 발달장애인의 실종 사건이 자주 있기 때문이죠.

통계를 보면 1년에 약 7천-8천 건 정도의 실종사건이 신고됩니다. 정부 통계에 따르면 자폐장애인이 약 3만 명이니 굉장히 높은 비율이에요. 또 1년간의 통계이니 10년 정도로 잡으면 7만-8만 건의 실종신고가 이루어지는 것이고요. 10년 동안 자폐장애인 한 명이 두 번 정도 실종된다는 결론입니다.

물론 대부분 하루나 이틀 만에 찾게 되지만 그래도 한 해 50명이 넘는 장애인이 실종된 뒤 사망합니다. 비장애인에 비해 실종 비율은 열 배가량 높고 실종 뒤 사망하는 경우는 4.5배 정도 높죠. 이러다 보니 자폐장애인 가족은 항상 긴장할 수밖에 없습니다. 실제로 10년간 관할 경찰서에 실종신고만 97차례 한 자폐아동도 있어요. 특히 자폐 자녀를 돌보는 어머니의 고통은 이루 말할 수 없습니다. 아침 등굣길에 학교까지 같이 가고, 학교가 끝나는 시점에 맞춰 다시 데리러 갑니다. 병원에 가서 약을 탈 때도, 미술치료를 받으러 갈 때도 항상 동행해야 합니다. 집을 나서서 다시 들어올 때까지 한시도 마음을 놓을 수 없습니다.

집에서도 돌발적으로 나가는 경우가 많아요. 잠시 눈을 뗀 사이 집을 나가는 것이죠. 가출신고가 잦은 이유입니다. 혼자 학교를 오가는 동안 특정한 연상에 끌리면 무작정 이동합니다. 엘리베이터에 꽂히면 빌딩에 들어가 계속 엘리베이터를 타고 오르내립니다. 경비원이 내쫓으면 다른 빌딩으로 가서 다시 엘리베이터를 타죠. 같이 다니는 동안도 긴장의 연속입니다. 돌발행동이 심한 경우는 더 힘들어요. 길 건너 번쩍이는 간판이 눈에 들어오면 오가는 차에 신경 쓰지 않고 도로를 가로지르는 일도 있어요. 나이가 적을 때는 그나마 낫지만 청소년이 되어 키가 커지고 체중도 늘면 엄마가 제어하기 힘듭니다.

그래서 엄마는 아이를 데리고 동네 편의점이나 부동산, 미용실 등을 찾아다니며 인사를 시키고 엄마 전화번호를 알려 줍니다. 혹시 혼자 다니는 모습이 보이면 잠시 맡아 주고 연락을 해 달라고 부탁하는 거죠. 그렇다고 집 안에만 둘 수도 없습니다. 정기적으로 산책도 해야 하고 학교도 가야 합니다. 병원도 다녀야 하고 치료를 받으러도 가야죠. 자폐스펙트럼장애인이란 이유로 집 안에 가둬둘 순 없으니까요. 특히 지난 코로나19 상황에서 의무적으로 마스크를 써야 하는 경우, 마스크 쓰기를 거부하는 발달장애인의 부모는 인적이 드문 곳으로만 다닐 수밖에 없었습니다. 어려움이 가중된 현실이었어요.

전담 기관이 필요한 이유

그런데 생각해 보세요. 실종 문제가 온전히 지적장애인과 자폐인을 포함한 발달장애인 및 그 가족만의 문제일까요? 실종사건은 자폐인만이 아니라 치매환자나 아동의 경우도 자주 발생합니다. 하지만 인구 대비 발생률을 보면 아동은 0.25%고 치매환자는 1.72%인데 비해 발달장애인은 2.47%로 훨씬 더 높습니다. 아동의 경우 아동권리보장원이란 곳에서 실종업무를 전담하고, 치매환자는 중앙치매센터에서 실종업무를 전담합니다. 그러나 가장 실종률이 높은 발달장애인의 실종을 전담하는 기관은 없습니다.

실종이 최악의 결과가 되지 않기 위해 가장 중요한 것은 초기에 대응하는 것과 경찰 등 관련 당국의 적극적 홍보와 지원이라고 합니다. 그렇다면 발달장애인의 특성에 맞춰 이를 전담하는 기관이 필요한 것은 당연하죠. 또 중증 발달장애인의 외출이 온전히 가족의 책임과 관리에 의해서만 이루어져서도 안 됩니다. 중증 발달장애인을 위한 활동보조사가 동행하게 되면 가족도 한시름 놓을 수 있고 실종 위험도 낮아지겠죠. 활동보조사를 더욱 적극적으로 활용할 수 있도록 하는 제도적 지원이 필요합니다.

함께 생각해요!
친구를 만나러 혹은 학원에 가기 위해 바삐 걸어가는데 목적지 없이 혼자 돌아다니는 것처럼 보이는 자폐 장애인을 보았습니다. 어떻게 하면 좋을까요?

장애인의
건강권

장애인의 사망률이 높은 이유

우리나라에선 10만 명당 594명 정도가 매년 사망합니다. 즉 100명 중 0.5명 정도 사망하죠. 사망자 대부분은 고령이고 여러 가지 질병으로 죽습니다. 그런데 장애인은 1년에 10만 명당 2125명이 죽습니다. 장애를 가져서 사망확률이 높다고 생각할 수 있지만 실제로는 그렇지 않습니다.

장애인의 사망원인 1위는 장애가 아니라 암입니다. 2위는 심장질환이고요. 3위는 뇌혈관질환입니다. 네 번째가 폐렴, 다섯 번째가 당뇨입니다. 사망원인으로만 보면 비장애인과 크게 다르지 않아요. 물론 장애인 중에는 심장이나 간 등 내부 기관에 장애를 가진 경우도 있지만 그 비율은 5%도 되지 않아요. 장애인 중 지체장애인의 비율이 가장 높습니다. 그다음 청각장애가 많고, 발달장애는 세 번째로 많습니다. 그 외 시각장애와 뇌병변장애 등의 비율이 높습니다. 즉 그냥 보기에는 암이나 심장질환 및 뇌혈관질환 등과 크게 상관이 없어요.

그런데도 장애인의 연간 사망률이 비장애인보다 네 배 정도 높은 건 동반질환 때문입니다. 장애인 네 명 중 세 명이 위염이나 십이지장염이 있고, 두 명 중 한 명은 고혈압·기관지염·지질증·등통증이 있으며, 네 명 중 한 명은 당뇨가 있습니다. 물론 장애인의 연령대가 높은 것도 원인이기는 하지만 비장애인에 비해 만성질환을 가진 이가 많아도 너무 많은 거죠.

장애인 중 많은 이들이 거동이 불편하고 이에 따라 과체중과 비만이 많은 것도 이유 중 하나이지만 이것 때문만은 아닙니다. 가장 중요한 이유 중 하나는 장애인들이 건강검진을 잘 하지 않는다는 것입니다. 병은 생기고 나서 치료하기보다는 예방이 우선이지요. 그래서 성인은 정기적으로 건강검진을 하는 경우가 많습니다. 특히 우리나라는 건강보험공단에서 일반 건강검진과 암 건강검진 그리고 생애전환기 건강검진 등을 무료로 실시하고 있어요.

그런데 비장애인은 77% 정도가 건강검진을 받는 데 비해 장애인의 경우 55.7%밖에 건강검진을 받지 않습니다. 장애인이라면 더 자주 건강검진을 받아야 할 텐데 오히려 잘 받지 않는 거죠. 그래서 미리 발견할 수 있는 병도 한참 악화된 뒤에 발견하는 경우가 비장애인보다 더 많습니다.

건강검진을 받지 않는 이유

장애인들은 왜 건강검진을 잘 받지 않을까요? 자폐스펙트럼장애를 가진 경우를 생각해 볼게요. 자폐스펙트럼장애가 심하면 일반 병원에서는 검진을 하기가 힘듭니다. 그렇다고 가족이 비용을 대서 대학병원 같은 큰 병원에서 건강검진을 받는 것도 쉽지 않죠. 대학병원에서도 다른 사람 검진하는 것보다 힘도 들고 시간도 더 많이 드니 잘 하려고 하지 않고요. 그래서 '장애친화건강검진기관'이란 곳에서 진단을 받아야 합니다.

그런데 현재 중증 장애를 가진 이들이 건강검진을 받을 수 있는 장애친화건강검진기관은 광역시나 도에 하나 정도밖에 없어요. 예를 들어 강원도 속초에 사는 자폐스펙트럼장애인은 건강검진을 받기 위해 원주로 가야 합니다. 다른 곳도 사정은 별반 다르지 않고요. 더구나 전라북도와 대전에는 아예 없어서 건강검진을 받으려면 전라남도나 충청북도로 가야 합니다. 중증 자폐스펙트럼장애인은 혼자 갈 수도 없죠. 가족이 같이 가야 하는데 건강검진을 받으러 매년 100킬로미터가 넘는 거리를 가야 합니다. 상황이 이러하니 중증 장애인은 건강검진을 쉽게 받을 수가 없는 것입니다.

앞서 자폐스펙트럼장애인의 실종 이야기를 하면서 가족 중 한 명, 대부분 엄마가 종일 같이 있어야 하는 사정을 말했습니다. 그래서 자폐 자녀가 있는 경우 엄마들은 대부분 하던 일을 그만두고 자녀를 돌보게 됩니다. 한 명이 일을 그만두니 소득은 줄어들겠죠. 게다가 자폐 자녀의 교육과 훈련 등을 위해 별도의 비용이 드는데 이는 건강보험으로 해결되지 않습니다. 소득은 줄었는데 지출은 늘어났으니 살림살이가 쉽지 않은 건 당연한 귀결이죠.

우리나라는 병의원에서 진료를 받거나 약을 사는 데 들이는 비용이 1인당 연간 평균 14만 원입니다. 이에 비해 장애인은 약 96만 원이고요. 비장애인보다 다섯 배가 넘는 금액을 지출하는 것이죠. 자폐장애인은 평균보다 더 많은 비용을 지불하는 실정이고요. 그러니 다른 비용을 줄여야 하는데 그것이 쉽지 않고, 그러다 보니 건강검진에 소홀해질 수밖에 없습니다.

정부 대책의 필요성

장애인의 건강을 위협하는 요소는 또 있습니다. 지난 코로나 19 시기를 되돌아볼게요. 코로나19로 인한 첫 사망은 장애인이었습니다. 청도대남병원 정신병동에서 코로나19 집단감염이 발생했죠. 102명이 감염되었고 7명이 사망했습니다. 2020년 초에서 2021년 2월까지 초기 1년간 코로나19 사망자 중 52.3%가 집단거주시설에서 사망했어요. 이들의 경우 장애와 동반질환으로 인해 허약해진 상황에서 일반인보다 훨씬 높은 사망률을 보일 수밖에 없었습니다.

집단시설 밖의 장애인도 마찬가지였어요. 중증 장애인은 선별진료소에서 검사 받을 수 없었고, 상당수 병원에서도 마찬가지였습니다. 또 백신을 맞지 못하는 경우도 훨씬 많았죠. 그 결과 2021년 장애인의 코로나19 사망률은 비장애인의 6배였습니다.

장애인의 평균수명은 비장애인보다 훨씬 낮습니다. 우리나라 평균수명은 현재 83.6세인데 발달장애인은 55.6세입니다. 평균이 55.6세이니 실제로는 그보다 이른 시기에 사망하는 이들이 많겠지요. 물론 여러 사정이 있고 개별적으로 다른 이유도 있겠지만 특정 집단의 평균수명이 일반적인 경우보다 훨씬 낮다면 이는 사회적 책임이 따르는 문제입니다. 정부가 대책을 제대로 세워야 한다는 말입니다.

함께 생각해요!

장애인의 건강검진을 보다 수월하게 할 수 있는 구체적 방법을 생각해 보고 이야기 나눠 봅시다.

장애인을 죽이는
가족

아이보다 하루만 더 살기 바라는…

2022년 5월 인천에 살던 63세의 한 어머니는 서른여덟 딸에게 수면제를 먹여 질식사시킨 뒤 자신도 수면제를 먹었습니다. 그러나 집에 돌아온 아들이 어머니를 발견하고 119에 신고해 목숨을 건집니다. 딸은 아기 때 의료사고로 중증 뇌병변과 중증 지적장애를 가졌고 2022년 1월에는 대장암 진단까지 받았습니다. 딸이 항암치료 과정에서 고통을 겪는 것을 본 어머니는 딸을 죽이고 자신도 죽으려고 한 것입니다.

같은 2022년 서울 성동구 아파트 화단에서 40대 여성이 여섯 살 아들과 함께 숨진 채 발견되었습니다. 이들은 21층에서 추락한 것으로 밝혀졌습니다. 여섯 살 아들은 발달장애였습니다.

2022년 3월 경기도 시흥에서는 50대 여성이 발달장애가 있는 20대 딸을 살해한 혐의로 체포되었습니다. 이 여성은 딸을 죽인 뒤 다음 날 자신도 자살을 시도했으나 실패하고 경찰에 자수했습니다. 같은 날 경기도 수원에서도 40대 여성이 심한 자폐가 있는 여덟 살 아들을 살해하여 경찰에 체포되었습니다.

해마다 중증 발달장애나 지적장애를 가진 자녀를 살해하는 일이 일어납니다. 소식을 접하고 왜 그랬는지 이해가 간다고 하는 이들도 있고, 그래도 그러면 안 된다고 안타까워하는 이들도 있지요. 그래서 그런지 법원의 판결도 다른 존속살해 사건보다 형량이 적은 경우가 대부분입니다. 지적장애나 발달장애를 가진 이들의 부모가 자주 하는 말 중 하나가 '내가 아이보다 하루만 더 살다 가면 원이 없겠다'입니다. 자신이 죽으면 장애 자녀를 돌볼 사람이 없으니 어떻게든 아이가 살아 있을 때까지는 자신도 살아 있어야 한다는 의미죠. 이 말은 '내가 아니면 돌볼 사람이 없다'는 의미에서 장애 자녀 살해와 바로 닿아 있습니다.

장애 자녀를 살해하는 이유는 크게 두 가지입니다. 하나는 자녀를 돌보는 일에 지친 것이죠. 매일 자녀와 종일 씨름해야 하는데, 이 일의 끝이 보이지 않습니다. 자녀가 죽기 전에는 끝나지 않을 일이라는 생각 끝에 절망에 도달하지요. 그래서 자녀를 버리기도 합니다. 발달장애인이나 지적장애인의 실종 사건 중 아주 적은 비율이지만 일부는 부모가 사는 곳에서 멀리 떨어진 곳으로 데려가 버린 것입니다. 하지만 낯선 곳에서 당황하고, 누군가에게 해코지당할 수도 있고, 혼자선 도저히 살아갈 수 없다는 걸 뻔히 아는데 어느 부모가 아이를 쉽게 버릴 수 있을까요. 대부분의 부모가 어떻게든 끌어안고 살아갑니다. 하지만 언제 끝날지 모르는 돌봄에 지치고, 온 가족의 생활이 지옥이 된다는 생각에 결국 아이를 죽이고 자신도 죽겠다는 생각에 이르는 것이죠.

다른 하나는 미래가 없다는 것입니다. 발달장애가 있는 이들 중에는 나이가 들어도 다른 아이들처럼 제 앞가림을 할 수 없는 경우가 많습니다. 다른 집 아이들이 진학을 하고, 취직을 하고, 번듯하게 자라는 모습을 보면 볼수록 부모는 더 자괴감에 빠지죠. 결국 이런 미래가 없는 아이가 계속 사는 것이 무슨 의미가 있을까 하는 생각에까지 이릅니다.

아이를 돌보면서도 나이를 먹을수록 괴로움은 커집니다. 그러다가 차라리 지금 자기가 거둘 수 있을 때 자기 손으로 생을 마감시키는 것이 장애인으로 평생 사는 것보다 낫겠다는 생각에 살해를 결심하게 됩니다.

교육의 권리와 치매국가책임제

그런데 이 두 이유 모두 장애인을 돌보는 일이 가족, 좀 더 정확히는 부모의 책임이라는 전제 아래 있습니다. 왜 발달장애나 지체장애는 가족의 짐이 되어야 하는 걸까요? 이렇게 질문을 던지면 꽤 많은 사람이 원래 그런 것 아니냐고 되물을 거예요. 그런데 생각을 바꾸면 전혀 그렇지 않습니다.

제가 어렸을 때는 초등학교나 중학교, 고등학교에 다니기 위해 수업료를 내야 했습니다. 교과서도 사야 했고, 급식비도 냈죠. 하지만 지금은 이런 돈을 전혀 내지 않아요. 학교를 운영하고, 선생님들과 학교 운영을 맡아 하는 교육공무직 노동자들의 월급도 줘야 하고, 학교를 짓는 공사비도 드는데 어떻게 학생들에게 돈을 받지 않고 감당하는 걸까요?

다들 알고 있듯이 정부가 돈을 냅니다. 정부가 내는 돈은 대한 민국 국민이 내는 세금으로 충당되고요. 불과 몇십 년 만에 고등 학교까지 의무 교육이 되었습니다. '교육을 받을 권리'는 대한민국 국민이면 누구나 가지는 당연한 권리, 기본권이라는 생각이 모두에게 인정받았기 때문이죠. 그래서 국가가 이를 지켜 줘야 한다는 걸 이제 모두 당연하게 여깁니다.

치매는 노인들이 가장 걱정하는 질환 중 하나입니다. 점점 기억이 사라지고 판단력도 흐려지죠. 증세가 심해지면 일상생활을 혼자서 유지하기 힘들어집니다. 치매는 주로 나이가 많은 이들에게 나타나는 현상이에요. 평균수명이 늘어나면서 치매로 고생하는 이들이 많죠. 부모가 치매에 걸리면 자식도 힘들어집니다. 혼자 생활하기 힘드니 돌보는 일을 누군가는 맡아야 하고, 치료 등에도 많은 비용이 발생하지요. 가족이 모두 일을 하는 경우 돌봄 노동자를 고용해야 하는데 그 비용도 만만치 않아서 치매 증세가 심해지면 요양원으로 모시기도 합니다.

발달장애인 가족이 힘든 것과 마찬가지죠. 우리나라가 고령 사회로 가면서 치매는 개인이나 가족만이 아니라 사회와 국가의 문제가 되고 있습니다. 그래서 우리나라 정부는 2017년부터 '치매국가책임제'를 도입했어요. 치매의 고통을 당사자와 가족이 모두 떠안는 것이 아니라 정부가 책임을 지겠다는 것이죠. 그래서 전국에 치매안심센터와 치매안심병원을 확보하고, 의료비에서 본인이 부담하는 비용을 낮추어 정부 지원을 강화하고 있습니다. 물론 아직 부족한 점이 많지만 치매를 가족의 문제가 아니라 국가가 책임져야 할 문제라고 선언한 것은 중요합니다.

국가와 사회의 책임

치매와 발달장애는 그 영향이 비슷합니다. 당사자도 힘들지만 가족도 굉장히 힘들어요. 앞서 발달장애인에 대한 가족 살인 이야기를 했는데, 치매 환자의 가족에서도 마찬가지로 안타까운 사례가 매년 나타납니다. 부부 중 한 명이 치매에 걸리자 배우자와 동반 자살을 한 경우, 치매에 걸린 어머니를 10년 가까이 모시다 결국 살해하고 자수한 아들 등 간병 살인이 매년 일어납니다. 그래서 치매에 대해 '국가책임제'를 실시한 것이죠. 그렇다면 발달장애에 대해서도 당연히 국가가 책임을 져야 하는 것 아닐까요?

그래야 발달장애인 아이를 돌보다 지쳐서 혹은 자신이 죽으면 돌볼 사람이 없을 거란 생각에 극단적 선택을 하는 일이 사라지겠죠. 그뿐 아니라 종일 발달장애 자녀를 돌보는 일에 자신의 모든 일상을 바쳐야 하는 일도 사라질 것입니다.

소득이 많은 집은 발달장애 자녀가 있더라도 돌봄노동자를 따로 고용하고 최대한 교육과 훈련을 하면서 어떻게든 일상을 꾸려 나갈 수 있습니다. 하지만 소득이 적은 집은 부모 중 한 명이 발달장애 자녀를 전담할 수밖에 없어요. 그러면서 소득은 더 줄어들고, 다른 자녀에 대한 양육에 소홀해질 수밖에 없습니다. 이런 부분을 국가가 책임지는 건 너무 당연한 일이 아닐까요?

우리가 가족 살인, 간병 살인을 살펴볼 때 생각해야 할 것이 또 하나 있습니다. 자기운명결정권입니다. 아무리 가족이라도, 아무리 자녀의 나이가 어려도, 아무리 장애가 있어도, 부모에겐 자녀의 운명을 결정할 권리가 없습니다. 예전에는 동반 자살이라고 했지만 이제 당사자간의 합의가 없는 경우 살인 후 자살이라고 하는 이유입니다. 앞서 이야기한 것처럼 그 가족의 심정이 이해되지 않는 건 아니지만 그렇다고 타인의 목숨을 함부로 해칠 순 없습니다.

그런 의미에서도 정부의 책임을 다시 생각해야 합니다. 직접 목숨을 끊은 건 가족일지라도 그럴 수밖에 없는 상황으로 몰아넣은 건 사회와 정부라고 할 수 있습니다. 가족 중 장애인이 있다는 사실이 가족의 삶을 송두리째 뺏어가지 않도록 할 책임이 국가와 사회에 있기 때문입니다.

함께 생각해요!

치매나 발달장애 가족을 둔 가정의 예상되는 어려움에 대해 생각해 보고,
그 어려움을 사회와 국가가 어떻게 나눠 질 수 있을지, 해결해 나갈 수 있을지
이야기해 봅시다.

자폐 등록 인구

자폐인은 얼마나 될까

　장애인은 대개 동 주민센터를 방문해서 장애인 등록을 합니다. 장애인등록증을 발급받으면 다양한 장애인 복지 서비스를 받을 수 있기 때문이죠. 통계에 따르면 2020년 정부에 등록한 자폐스펙트럼장애인은 3만2천 명이 조금 넘습니다. 우리나라 전체 인구를 5천만 명이라고 하면 0.064% 정도 됩니다. 1천 명당 여섯 명 정도라고 볼 수 있습니다.

　하지만 다른 연구 결과에 따르면 자폐스펙트럼장애인의 비율은 훨씬 더 높습니다. 2011년 국내 연구진의 연구에 따르면 우리나라 자폐스펙트럼장애인은 전체 인구의 약 2.64%라고 합니다. 130만 명 정도가 자폐스펙트럼장애를 가지고 있다는 거죠. 미국은 54명당 한 명 정도로 추정됩니다. 또 세계보건기구^{WHO, World Health Organization}에 따르면 전 세계 어린이 100명 중 약 한 명은 자폐증을 가지고 있다고 합니다.

조금씩 차이가 나는 이유는 자폐증 진단이 다른 장애에 비해 판단하기 쉽지 않은 측면이 있기 때문이고, 부모가 적극적으로 진단에 나서지 않아서 파악이 쉽지 않기 때문이기도 합니다. 어쨌든 다양한 조사에 따르면 전체 어린이 100명 중 두 명 정도는 자폐스펙트럼장애를 가지고 있다고 볼 수 있습니다.

우리나라 인구를 5천만 명이라고 치면 약 50만-100만 명 정도가 자폐라는 이야기죠. 그런데도 정부에 등록된 자폐스펙트럼장애인이 3만2천 명밖에 되지 않는 데에는 몇 가지 이유가 있습니다. 먼저 자폐스펙트럼장애 진단이 제대로 이루어지기 시작한 것이 얼마 되지 않았기 때문이에요. 그래서 현재 40대 이상에서는 자폐 진단을 받은 경우가 많이 없는 것이 첫 번째 이유입니다. 그리고 1990년대까지는 자폐스펙트럼장애를 따로 등록하지 않았기 때문이기도 해요. 2007년이 되어서야 정신지체장애는 지적장애로 대체되고, 발달장애는 자폐성 장애로 대체되었습니다.

즉 자폐성 장애를 등록하기 시작한 시점이 많이 늦었기 때문이기도 하죠.

그런데 이런 이유들이 있다고 해도 자폐 등록 인구가 적은 것에는 또 다른 사유가 있습니다. 장애인 특히 자폐나 지적장애, 정신장애 등의 경우 사회적 차별과 혐오 시선 때문에 숨기는 경우가 많아요. 증상이 있어도 '정신과'를 간다는 것에 거부감을 가지는 부모들이 아직도 많습니다. 그리고 장애인 등록을 하더라도 다른 장애와 달리 혜택이 그리 많지 않은 것도 또 하나의 이유라고 볼 수 있습니다.

세 번째 가장 중요한 이유는 정도가 약한 경우 부모가 자폐 진단에 적극적으로 나서지 않거나 모른 채 지나가기 때문이에요. 차별과 혐오에 대한 우려 때문에 아예 진단 자체를 받지 않기도 하고, 성격이 좀 특이하다고 여기거나 그냥 혼자 있길 좋아하고 다른 사람과 어울리는 걸 싫어한다고 여기는 것이죠. 자폐스펙트럼 장애가 많이 알려지지 않았기 때문이기도 합니다.

조기 발견과 훈련 및 교육의 중요성

그래도 요즘은 예전보다 자폐가 많이 알려졌습니다. TV 드라마 〈이상한 변호사 우영우〉 등의 영향도 크죠. 그리고 인식도 이전보다 나아져서 자녀의 자폐증 진단을 받는 경우가 많이 늘었어요. 그래서 다른 장애는 이전에 비해 등록 비율이 별 차이가 없지만 자폐스펙트럼장애는 해마다 등록 인구가 계속 늘어나고 있습니다.

하지만 아직도 전체 자폐스펙트럼장애 중 장애인 등록을 하는 비율이 너무 낮습니다. 이런 문제를 해결하기 위해 정부의 보다 적극적인 정책이 필요하다고 봅니다.

100명 중 한두 명 정도가 자폐라고 하는데 실제 학교에서 보면 자폐를 가진 친구 비율이 그 정도로 흔하지는 않습니다. 여기에도 두 가지 이유가 있어요. 전체 자폐스펙트럼장애인의 30%가량이 특수학교로 가기 때문이죠. 자폐 정도가 심한 학생은 특수학교로 많이 가기 때문에 일반 학교에는 자폐 정도가 심한 친구는 별로 없는 실정입니다. 그리고 아예 학교에 가지 않는 경우도 꽤 있기 때문에 일반 학교에는 자폐를 가진 친구가 더 드뭅니다. 또 증상이 약하면 아예 자폐 등록을 하지 않고 특수학급에도 가지 않는 경우도 꽤 있습니다. 앞서 이야기한 것처럼 그냥 성격이 좀 독특하거나 혼자 있기를 좋아한다는 정도로 생각하는 것이죠.

그런데 여기서 또 하나 생각할 것이 있습니다. 실제로 자폐 증상을 가진 것으로 추측되는 100만 명이 넘는 사람이 있습니다. 그리고 매년 새로 태어나는 아이들 100명 중 두 명 정도는 심하든 약하든 자폐 증세를 가지고 있고요. 자폐는 어려서부터 교육과 훈련을 받을수록 사회 적응이 쉽습니다. 동반장애의 확률도 줄어들고요. 따라서 두세 살부터 진단과 교육, 훈련이 진행되면 초등학교에 입학할 때쯤 통합교육을 실시하는 것이 훨씬 더 수월해지죠. 즉 조기 발견과 교육 및 훈련이 굉장히 중요하다는 말이지요. 사회적 비용도 많이 줄고, 가족도 훨씬 덜 힘들게 됩니다. 그렇다면 자폐 증세의 조기 발견과 훈련 및 교육에 사회가 팔을 걷고 나서야 하지 않을까요?

함께 생각해요!

경미하게라도 자녀가 자폐 증상을 보일 때 진단을 받고 어려서부터 교육과 훈련을 받아야 하는 이유는 무엇일까요? 또 그것을 가로막는 요인은 무엇일까요?

장애인의 노동

여러분은 집안일을 얼마나 하나요? 이런 질문을 던지면 대개 집안일은 부모님이 주로 하시고 자신은 간단하게 거드는 정도라고 답합니다. 내가 먹은 것 설거지하기, 쓰레기 내놓기, 청소기 돌리기 정도가 집에서 하는 일의 전부인 경우가 많죠. 조금 더 하는 경우는 욕실 청소, 빨래 널기, 빨래 개기 등도 이야기하더군요.

사실 귀찮지요. 집안일이라는 게 한 번 하면 끝이 아니라 날마다 새로 생기니까요. 그런데 어른들은 이런 노동을 매일 반복하지요. 흔히 돈을 버는 일만 노동이라고 생각하고 돈을 벌지 못하는 일은 노동이 아니라고 여기는 경우가 많습니다. 하지만 돈을 버는 일이 아니라도 일상을 유지하기 위해 하는 일도 엄연히 노동입니다. 내 집 청소를 하면 돈을 받지 못하니까 노동이 아니고, 다른 사람의 집을 청소하면 돈을 받으니까 노동이 되는 건 아니니까요.

우리나라 헌법에 따르면 이 노동은 '의무'이기도 하고 '권리'이기도 합니다. 헌법 제32조 1항에는 "모든 국민은 근로의 권리를 가진다"라고 되어 있고, 2항에는 "모든 국민은 근로의 의무를 진다"라고 되어 있어요. 그런데 이런 의무와 권리에서 배제되는 사람들이 있습니다. 장애인입니다. 장애인의 노동에 대해 한번 생각해 봅시다.

장애인에게는 허락되지 않은 최저임금제

우리나라를 비롯해 많은 나라에서 최저임금제를 법으로 정하고 있습니다. 노동시장에는 항상 임금을 조금 덜 받더라도 일하려는 사람과 어떻게든 더 적게 주고 고용하려는 기업이 있기 때문입니다. 그래서 이렇게 법으로 정하지 않으면 생활을 꾸려 나가기 충분치 않은 너무 낮은 임금을 받는 경우가 생깁니다. 2023년 최저임금은 시간당 9,620원입니다. 하루 8시간 일주일에 5일간 한 달을 일하면 최소 200만 원이 넘습니다. 우리나라에서 일하는 모든 사람이 이 법의 보호를 받습니다.

그런데 예외가 있어요. 장애인보호작업장에서 일하는 사람들이죠. 최저임금법이 처음 만들어질 때부터 "정신장애나 신체장애로 근로능력이 현저히 낮은 자"는 노동부장관에 의해 최저임금 적용에서 제외할 수 있기 때문입니다. 장애인보호작업장은 중증 장애인들이 일하는 곳으로 이곳에서 일하는 중증 발달장애인은 한 달에 평균 37만 원을 받습니다. 이것은 법으로 정한 최저임금의 20% 수준으로 시급으로 따지면 250원이에요. 심하게는 10만 원 미만을 받는 경우도 있고, 10만 원에서 30만 원 사이를 받는 경우도 있습니다.

물론 이유는 있습니다. 중증 장애인 중심의 일자리다 보니 하는 일이 상자를 접거나 콘센트를 조립하거나 빨래를 하는 단순 노동이 대부분이기 때문이죠. 장애인보호작업장을 운영하는 측에서는 최저임금을 맞춰 주면 수익이 나지 않는다고 말해요. 그리고 덧붙입니다. 장애인이 다른 일반 사업장에 취업할 수 있도록 훈련을 하는 측면도 있다고요. 하지만 중증 장애인이 보호작업장을 벗어나 다른 곳에 취업하는 경우는 거의 없습니다. 결국 이곳이 최종 직장이에요.

한 달에 37만 원은 생활이 아예 불가능한 수준의 급여입니다. 물론 이런 경우 정부가 기초생활수급비를 지원하지만, 이를 포함해도 월 100만 원 안팎이죠. 이 돈으로는 장애가 없는 사람도 한 달을 살기가 힘든데 하물며 중증 장애인이 제대로 된 삶을 누릴 수 있을까요? 결국 가족이 경제적 지원을 하는 것을 전제로 만들어진 법이고 제도인 것이죠.

장애인고용의무제가 있어야 하는 이유

우리나라에는 특정한 사람만 하도록 정해 놓은 노동이 있습니다. 대표적인 것이 안마예요. 안마는 법으로 시각장애인만 할 수 있도록 정해져 있어요. 직업 선택의 자유를 위반하는 것이지만 그보다는 시각장애인의 안정적 일자리 확보를 더 중요하다고 여겨 정한 법이지요. 그렇다면 마찬가지로 공공기관에서 필요로 하는 제품 중 특정 영역을 중증 장애인을 최저임금 이상 주고 일정 비율 이상 고용한 기업에서만 제공받도록 정할 순 없는 걸까요?

이미 우리나라에는 장애인고용의무제라는 것이 있습니다.

공공기관에서는 전체 인원의 3.6%, 그리고 50인 이상 고용한 민간 기업에서는 전체 인원의 3.1%에 해당하는 인원을 장애인으로 고용해야 한다고 정한 것이죠. 이를 어기면 고용의무 위반에 따른 벌금을 물기도 합니다. 하지만 민간 기업은 대부분 이를 어기고 벌금으로 때우는 실정입니다.

여기서 누군가 의문을 제기합니다. "아니, 능력이 되는 사람을 뽑아야지 능력도 되지 않는 사람을 뽑는 건 공정하지 않은 것 아냐?" 하지만 이는 사실과 다릅니다. 가령 다른 조건은 동일한데 전동휠체어를 타는 장애인이라고 해서 그렇지 않은 사람보다 기획 업무를 잘 못하는 건 아니죠. 또 청각장애인이 그렇지 않은 사람에 비해 홍보 업무를 못하지도 않습니다.

하지만 이런 장애인을 뽑게 되면 사업장은 이들이 일할 수 있는 조건을 구비해야 합니다. 전동휠체어를 타고 다닐 수 있도록 해야 하고, 청각장애인과 같이 회의를 할 수 있도록 회의장을 만들어야 하죠. 즉 장애인 개인의 능력과 무관하게 장애인과 같이 일하기 위해 준비해야 하는 것들이 있기 때문에 의무 조항을 만들지 않으면 기업들은 장애인을 잘 뽑지 않는 것입니다.

게다가 장애인에 대한 편견과 혐오가 여전합니다. 다리도 못 쓰는데 제대로 일을 하겠어? 눈도 보이지 않는데 어떻게 일을 해? 이런 사고방식이 뿌리박혀 있는 상황에서 장애인이 그나마 제대로 된 경쟁이라도 하려면 의무고용제가 필수인 것입니다.

이런 의무고용제를 좀 더 확장해서 중증 장애인을 일정 비율 이상 고용하지 않으면 제품을 팔 수 없도록 특정 분야를 정하면 어떨까요? 중증 장애인에 대한 고용이 더 활발해지고 제대로 된 임금을 받을 수 있게 되지 않을까요?

함께 생각해요!

최저임금제와 장애인고용의무제 등 사회적 약자를 위한 법의 취지에 대해 그리고 그 법이 실제로 어떻게 실행되고 있는지에 대해 살펴보고 이야기해 봅시다.

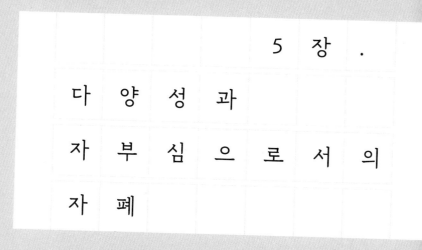

5 장.

다 양 성 과

자 부 심 으 로 서 의

자 폐

20세기 초 자폐가 다른 장애와 구별되기 시작했을 때부터 현재까지 많은 사람이 자폐를 장애라고 생각하고 있습니다. 하지만 자폐에 대한 연구가 진전되면서, 그리고 자폐를 가졌지만 다른 이들과의 소통에 적극적인 이들이 늘어나면서 자폐에 대한 다른 시각이 형성되었습니다. 자폐라는 것이 개인별로 나타나는 모습이 워낙 다양하기도 하지만, 자폐와 비자폐의 경계가 생각만큼 선명하지 않은 점도 있고요. 또 자폐가 나타나는 모습이 장애로만 규정되어서는 안 된다는 의지도 있지요. 그래서 지금은 자폐를 일종의 정신적 다양함의 하나로 받아들여야 한다는 생각이 점점 더 커지고 있습니다.

피어라, 무지개

100인 100색

한 학기를 마치면 성적표를 받습니다. 중간고사와 기말고사를 합해 성적이 나옵니다. 한 학년이 100명이면 100명 모두 다른 성적표를 받죠. 평균이 같아도 누구는 영어를 더 잘 봤고, 누구는 수학을 더 잘했습니다. 국어 평균이 같아도 누구는 중간고사를 더 잘 보고, 다른 누구는 기말고사를 더 잘 봤습니다. 이러한 성적의 차이에 대해 우린 전혀 이상하게 생각하지 않습니다. 왜냐하면 평소에 항상 경험하는 것이니까요.

마찬가지로 자폐를 가진 사람도 모두 다릅니다. 누구는 말하는 데 상당한 어려움을 겪고, 누구는 크게 어색하지 않게 말해요. 또 어떤 이는 말하는 건 그리 힘들어하지 않는데 대신 손을 계속 돌리는 상동행동을 하기도 합니다. 다른 사람과 이야기하길 힘들어하는 자폐인이 있는가 하면 오히려 항상 먼저 인사를 하는 자폐인도 있습니다. 100명의 자폐인이 있다면 100명이 다 증상도 다르고 그 정도도 다르죠. 그래서 '자폐'라고만 하지 않고 '자폐스펙트럼'이라고 합니다.

한 학년이 100명이면 100명 모두 다 좋아하는 것, 관심을 가지는 것, 잘하는 것이 다릅니다. 걸 그룹처럼 멋지게 춤을 추는 수빈이는 그러나 노래를 못합니다. 노래를 잘하는 진수는 춤을 잘 추지 못하죠. 만화가처럼 그림을 잘 그리는 정우, 게임에는 기가 막힌 민주, 축구를 잘하는 지혜, 퍼즐을 잘 푸는 민우, 이야기를 그럴듯하게 만드는 재주가 있는 강철까지 모두 잘하는 것이 달라요. 자폐인도 마찬가지입니다. 그림을 잘 그리는 충우, 영어와 일어, 프랑스어, 중국어 등 5개 국어를 하는 장희, 드립 커피를 기가 막히게 내리는 미희, 장애인 배드민턴 국가대표인 미우, 프로그래밍에 탁월한 혜윤 등 자폐인도 잘하는 것이 모두 다릅니다.

비자폐인은 성격도 다 다르지요. 누구에게나 다정한 서우, 낯을 가리는 치영, 까칠한 혜윰, 친해지면 둘도 없지만 친해지기 어려운 정혁, 웃으면 눈이 사라지는 치수, 한 번 웃으면 숨이 넘어가는 장수, 아무리 웃겨도 살짝 입꼬리만 올라가는 영수. 자폐인도 마찬가지입니다. 부모님 외에는 아무하고도 말하지 않으려는 지수, 만나면 먼저 인사하고 항상 웃는 얼굴인 제희, 늘 무표정하지만 뭔가 물으면 자기가 아는 건 모두 대답하는 자희, 늘 혼잣말을 하느라 바쁜 정근이.

자폐라는 한 가지 범주로 묶기에는 너무나도 다양한 모습, 다양한 행동, 다양한 감정, 그리고 다양한 인격이 있지요. 그래서 자폐스펙트럼이라고 합니다.

자폐의 범위를 넓히다

자폐스펙트럼이란 말을 처음 쓴 이는 로나 윙Lorna Wing이라는 영국의 정신과 의사입니다. 그는 딸이 자폐증을 가지고 태어난 뒤 1950년대 말부터 자신의 전공을 살려 자폐에 대해 본격적으로 연구하기 시작했어요.

로나 윙 이전까지 자폐증은 1만 명당 5명 정도인 걸로 여겨졌습니다. 하지만 로나 윙은 런던의 한 지역에 사는 아이들을 모두 조사해서 자폐증이 생각보다 훨씬 많다는 걸 증명하죠. 이 과정

에서 자폐증을 가진 아이들이 모두 같은 증상을 보이는 것이 아니라 각기 다른 모습을 보인다는 걸 발견했습니다. 그래서 로나 윙은 자폐증^{Autism Syndrome} 대신 **자폐스펙트럼**^{Autism spectrum}이란 용어를 도입했어요. 21세기 들어서는 거의 모든 공식적인 영역에서 자폐증 대신 자폐스펙트럼이란 용어를 사용합니다.

아스퍼거증후군^{Asperger syndrome}이란 용어도 로나 윙에 의해 도입되었어요. 오스트리아의 정신과 의사 한스 아스페르거^{Hans Asperger}의 연구를 검토하다가 지적장애가 거의 없으며 언어장애도 비교적 적지만 자폐 증상을 보이는 일련의 사람들에 대해 아스퍼거증후군이란 용어를 쓰기 시작한 거죠. 하지만 21세기 들어 아스퍼거증후군이란 용어는 공식적으로는 사용되지 않습니다. 자폐스펙트럼 안에 포함시켜요. 서번트증후군^{Savant Syndrome} 또한 마찬가지예요. 주로 한 분야에서 일반인보다 탁월한 능력을 보이는 경우를 서번트증후군이라고 하는데 이 또한 현재는 자폐스펙트럼에 속한다고 여깁니다.

자폐는 발달장애에 해당된다고 하죠. 이 말에는 두 가지 뜻이 있습니다. 하나는 자폐가 아닌 아이들이 보이는 전형적인 발달 과정을 밟지 않는다는 뜻이고, 또 하나는 불규칙하고 영역별로 다른 발달 과정을 가진다는 뜻입니다. 그런데 이 발달 과정의 불규칙성이 자폐를 가진 이들마다 모두 다 달라요. 이것을 로나 윙

이 처음 발견하고 자폐스펙트럼이란 용어를 처음 사용한 것이고요.

그리고 이것은 또 다른 의미를 가집니다. 기존에 그저 성격이 독특하다, 4차원이다, 고집이 세다라고 여겨졌던 이들 중에서도 그 증상이 약하지만 자폐인 경우가 많다는 것이죠. 로나 윙은 자폐의 범위를 훨씬 넓혔습니다. 그 뒤 자폐 진단을 받는 이들이 늘었고 그만큼 더 많은 이들이 교육과 훈련의 기회를 가질 수 있게 되었지요.

함께 생각해요!

자폐의 범위를 넓힌 것이 현실에서는 어떤 의미 또는 효과를 가질까요?

정상과
비정상

피부색이나 인종이 능력을 결정하지 않는 것처럼

제가 어릴 때는 흑인을 '깜둥이'라고 부르는 이를 흔히 봤습니다. 하지만 지금은 적어도 공식적인 자리에서는 그런 용어를 쓰면 안 된다는 걸 누구나 알지요. 만약 누군가 TV 프로그램에 나와서 그런 말을 한다면 아마 다시는 TV에 출연하지 못할 거예요. 피부색이 다르다고 차별해서는 안 된다는 건 이제 너무 당연한 생각이죠.

그런데 사람을 피부색으로 흑인, 황인, 백인, 이렇게 셋으로만 나눌 수 있을까요? 물론 민족적 특성은 있지만 피부색은 대단히 다양합니다. 당장 친구들 얼굴만 봐도 아주 하얀 피부부터 꽤 까만 피부까지 있죠. 같은 황인이라고 해도 동남아시아 사람과 동아시아 사람, 시베리아나 알래스카 원주민은 조금씩 피부색이 달라요.

미국의 흑인도 마찬가지입니다. 유전적으로 살펴보면 미국의 흑인 대부분은 순수 흑인의 유전자만 물려받지 않았습니다. 백인과 아메리카 원주민의 유전자가 조금씩은 다 섞여 있지요. 섞인 정도도 사람마다 다 달라요. 그래서 피부색도 아주 까만 경우부터 스스로 말하지 않으면 모를 정도인 사람까지 아주 다양하죠.

이것은 다른 나라도 마찬가지예요. 워낙 전 세계적으로 교류가 빈번하다 보니 모두들 여러 민족의 유전자가 섞였지요. 예를 들어 핀란드계 할아버지와 프랑스계 할머니 사이에서 태어난 아버지와 스페인계 외할아버지와 라틴아메리카 원주민 외할머니 사이에서 태어난 어머니가 나를 낳았다고 하는 경우는 미국이나 유럽에서 아주 흔합니다. 물론 우리도 조상을 쫓아가다 보면 중국인과 몽골인, 일본인, 시베리아 원주민, 동남아시아인 등의 유전자가 섞여 있을 것이고요.

역사적으로 보면 17-19세기까지 유럽과 미국의 백인은 자신들이 다른 인종보다 우월하다고 여겼습니다. 원숭이가 진화해서 흑인이 되고, 흑인이 다시 진화해서 아시아인이 그리고 아시아 인이 진화해서 백인이 되었다고 우기기도 했죠. 하지만 이제 우 리는 피부색이나 인종이 능력을 결정하지 않는다는 걸 압니다. 그리고 능력이 있고 없고를 떠나 서로를 차별하면 안 된다는 것 도 알지요.

비정상이 아니라 흔하지 않은 것

이제는 오히려 인간이 이렇게 다양한 피부색과 유전자를 가 진 것이 인류에게 더 좋은 일이라고 이야기합니다. 이를 다양성 diversity의 축복으로 여겨야 한다는 거죠. 생물학에서도 다양성은 생태계의 가장 중요한 요소 중 하나입니다. 흔히 종다양성species diversity이라고 해요. 다양한 종으로 구성된 생태계일수록 환경의 변화에 더 잘 적응한다는 건 이미 여러 연구에서 확인되었습니 다.

문화에서도 마찬가지입니다. 만약 음악이 힙합밖에 없다면 얼마나 답답할까요? 누구는 록을 좋아하고, 다른 이는 클래식을, 또 다른 누군가는 국악을 좋아하면서 다양한 음악이 만들어지고 공유되어야 문화가 풍성해지고 삶이 다채로워지겠죠. 우리가 즐겨 듣는 아이돌 음악에서도 이런 영향을 찾아볼 수 있어요. 잘 들어 보면 클래식 음악의 일부를 따온 것도 있고, 일렉트로니카와 록이 섞였기도 하죠.

다양성은 지구 생태계에서 문화에 이르기까지 매우 중요한 요소입니다. 그래서 이제는 주류의 흐름과 다른 소수자들의 여러 모습을 다양성으로 인정하고 수용하는 것이 사회의 발전에 중요한 역할을 한다고 다들 이야기합니다.

다수와 '다른 것'을 '틀리다'고 하거나 '비정상'이라고 하면 안 된다는 이야기가 바로 이 다양성과 관련해서 중요한 이유입니다. 우리 중에는 오른손잡이가 왼손잡이보다 훨씬 많습니다. 그렇다고 왼손으로 글을 쓰고 밥을 먹는 것이 '틀렸다'거나 '비정상'이라고 하지 않습니다. 마찬가지로 우리와 피부색이 다르다고 '비정상'이라고 하지 않아요.

성적 정체성과 성적 취향에 따라 사람을 나눌 때도 마찬가지입니다. 우리 중 가장 높은 비율을 차지하는 것은 태어날 때의 성과 자신의 성적 정체성이 일치하고 서로 다른 성에 호감을 느끼는 이성애자입니다. 하지만 그렇다고 해서 같은 성을 좋아하는 동성애자, 이성과 동성 모두에게 호감을 느끼는 양성애자, 태어나긴 남자로 태어났지만 스스로의 성정체성은 여성으로 느끼거나 반대로 여자로 태어났지만 스스로 남성이라고 생각하는 트랜스젠더 등에 대해 이제 더 이상 '틀렸다'거나 '비정상'이라고 하지 않습니다.

장애도 마찬가지입니다. 우리가 장애라고 부르는 상태의 상당수는 흔하지 않은 것이지 비정상은 아닙니다.

함께 생각해요!

세상 모든 사람이 한 가지 색의 피부를 가졌고 또 모든 사람이 록음악만 듣는다고 생각해 보세요. 모두 똑같은 세상, 다양성이라고는 찾아볼 수 없는 세상은 서로 다르다고 차별하고 혐오하지 않을 테니 좋은 세상일까요?

자폐인
긍지의 날

6월에 뜨는 무지개

6월은 무지개의 달입니다. 성소수자들의 무지개 깃발이 한 달 내내 이어지죠. 1969년 6월 28일에 일어난 미국 성소수자들의 스톤월 항쟁을 기념하는 프라이드 퍼레이드가 전 세계적으로 이루어지는 달입니다. 우리나라에서도 2000년부터 퀴어문화축제라는 이름으로 매년 진행되고 있어요.

그런데 또 다른 무지개가 6월에 뜬다는 사실은 많이 알려져 있지 않습니다. 바로 '자폐인 긍지의 날'Autistic Pride Day인 6월 18일로, 성소수자들의 프라이드 퍼레이드에서 영감을 얻어 2005년부터 이어지는 기념일이죠. 이날 걸리는 깃발은 자폐긍지깃발Autistic Pride Flag이라고 불립니다. 초록색에서 빨간색까지 가로로 이어진 무지개가 배경이 되고 하얀 무한대 기호∞가 가운데 자리 잡고 있어요.

이 깃발의 가운데 부분이 노란색인데 그 의미가 재미있어요. 금의 원소기호Au가 자폐증Autism의 첫 두 글자와 같은 것에서 착안한 것이라고 해요. 자폐증이 장애가 아니라 자부심이 된다는 의미로서 가장 귀한 원소인 금을 내세운 것이죠.

장애가 아니라 신경다양성의 일부

자폐는 19세기까지 알려지지 않은 현상이었습니다. 자폐증이 있는 사람 중 상당수가 지적장애를 같이 가지고 있어 지적장애라고 판정되었지요. 그리고 다른 사람들이 보기에 그들의 특이한 행동들, 한 가지 행동을 반복적으로 하거나, 갑자기 화를 내며 달려들거나, 눈을 마주치지 않고 말을 잘 하지 못하는 모습 때문에 정신장애라고 여겨졌습니다. 자폐가 독립된 하나의 증상으로 인정된 건 20세기 중반의 일이에요. 그 뒤로 자폐증의 원인과 치료를 위해 많은 노력이 있었죠. 그러면서 기존에 우리가 성격이 독특하다고만 생각했던 이들이 사실은 자폐 증상을 보인 것이라는 사실이 알려집니다.

자폐는 광범위해서 우리나라의 경우 100명당 2.6명 정도가 가볍든 중하든 자폐에 해당됩니다. 생각보다 많지요? 그리고 자폐로 인해 나타나는 증상도 여러 가지인데, 사람에 따라 한두 가지만 나타나기도 하고 증상의 정도도 서로 달라요. 그래서 앞에서 언급했듯 이제는 자폐스펙트럼이라고 부르죠. 다양한 모습을 가진 자폐인들이 무지개처럼 여러 색깔로 존재한다는 뜻입니다.

그리고 20세기 후반에서 21세기 전반에 걸치는 기간 동안 자폐를 가진 이들이 자폐는 장애가 아니라 신경다양성의 일부일

신경다양성(neurodiversity)

뇌신경의 차이로 인해 발생하는 다름(자폐 특성, 지적 스펙트럼, 성도착, 사이코패스, 소시오패스, ADHD, 조현 스펙트럼, 성격장애 등)을 다양성으로 포함시키고자 노력하는 인식. 인간 발달 과정의 전형적인 양상과 형태에서 벗어난 모든 행동적·심리적·신경적 특성을 가리킨다.

뿐이라고 주장하기 시작합니다. 이성애자만 정상이고 다른 성소수자는 모두 별종처럼 취급하던 분위기가 이제 다양한 성적 취향을 인정하는 성다양성으로 포괄되는 것처럼, 자폐 증세를 보이지 않는 이들만 정상이고 자폐인은 장애인으로 취급하는 사회에 대해 자폐적 특성이 다양한 삶의 방식 중 일부라고 이야기하는 것이죠.

이렇게 자신의 자폐에 대해 자부심을 표현하는 대표적인 모습이 6월 18일 '자폐인 긍지의 날'입니다. 그 상징 깃발에 새겨 넣은 무한대 기호는 인간의 신경다양성이 무한대로 뻗어 가고 있다는 뜻이고요. 자폐가 무엇인가에 대해서는 여전히 논쟁 중이지만, 자폐를 가진 이들이 스스로에 대해 자부심을 가지고 적극적으로 자신의 권리를 주장하는 것 자체는 커다란 의미가 있다고 여겨집니다.

신경다양성이란 용어를 처음 사용한 사람은 오스트레일리아

의 사회학자 주디스 싱어 Judith D. Singer입니다. 제2차 세계대전 직후 태어난 그는 자라면서 다른 사람과 상호작용을 하는 데 어려움을 겪었지만 자폐증 진단을 받진 않았어요. 미국이나 영국 이외 지역에서는 '자폐'란 용어 자체를 잘 사용하지 않던 때이기도 했고 가정형편이 어렵기도 했기 때문이에요.

주디스 싱어는 어른이 된 후 딸을 낳았는데 딸 역시 자폐 증상을 보이자 병원을 찾았고 딸은 아스퍼거증후군 진단을 받았습니다. 싱어는 자신도 자폐스펙트럼의 어딘가에 위치해 있다고 생각했죠. 사실 싱어의 어머니도 아스퍼거증후군을 가지고 있었습니다. 게다가 유대인인 그의 어머니는 나치에 의한 홀로코스트 생존자로서 극심한 충격을 받기도 했지요.

이후 싱어는 대학에서 사회학을 공부하면서 영국과 미국의 장애 역사에 관해 연구합니다. 그리고 자폐증 권리 운동과 신경학적 소수자의 사회적 운동에 관해 연구하면서 1998년 '신경다양성'이란 용어를 만들었습니다.

함께 생각해요!

어떤 조건과 상황에 놓여 있든 스스로 자부심을 갖고 자신의 권리를 찾아 나서는 태도는 우리 삶에 어떤 영향을 끼칠까요?

용어가
바뀌는 이유

의식의 변화에 따른 호칭의 의미 변화

예전에는 시각장애인을 장님, 봉사, 맹인, 소경 등으로 지칭했습니다. 장님은 '님'자가 붙은 데에서 알 수 있듯 존칭이고, 봉사나 맹인도 처음엔 낮잡아 부르는 의미는 없었어요. 《심청전》에는 심청이의 아버지 심학규를 '심 봉사'라고 하며 높여 부르는 대목도 있지요.

이에 반해 소경은 처음부터 낮잡아 부르는 호칭이었고요. 그러던 것이 20세기 후반에 들어서며 "눈뜬장님이네" "너, 소경이

냐" 하며 시각장애인을 낮잡아 보는 사람들의 태도가 용어를 변질시킨 것이죠. 당연히 시각장애인 당사자들은 이런 용어에 모욕감과 불편함을 느꼈습니다. 그래서 요사이는 주로 시각장애인이라고 지칭합니다.

이런 예처럼 장애인 관련 용어 중 상당수는 처음부터 비하의 의미를 가지고 사용된 건 아니었어요. 하지만 세월이 흐르면서 장애인을 지칭하는 상당수 용어가 상대를 비하하는 용도로 사용되었지요. "너 바보니?" "병신이네" "아이고 절름발이" 같은 식으로 말이죠.

이렇게 장애인을 지칭하는 용어가 비하하는 뜻을 담게 된 건 장애인을 비장애인에 비해 낮춰 본 것이 원인일 거예요. 20세기 내내 우리나라에서도 장애인은 잘해야 도와줘야 할 사람이고, 어떤 경우에는 쓸모없는 사람, 혼자서는 아무 일도 할 수 없는 사람으로 보았기 때문이죠. 장애인 스스로도 이런 비하에 익숙해져 있었고요.

하지만 20세기 후반부 들어 1980년 '5·18광주민주화운동'과 1987년 '6월민주항쟁'을 거치면서 우리나라가 민주화되고 사회의 여러 소수자 집단이 자신의 권리를 찾기 위해 다양한 활동에 나서게 됩니다. 장애인들도 마찬가지였고요. 동정이 아닌 당연한 권리를 요구하는 모습이 이전보다 훨씬 눈에 띄게 되었지요.

이렇게 스스로 자존감을 되찾은 해당 장애인이 비하하는 의미가 담긴 용어에 민감한 반응을 보인 건 당연한 일이겠지요.

이제는 장애인을 지칭하는 용어로 대부분 시각장애인, 청각장애인, 발달장애인, 지적장애인 등의 중립적인 단어를 사용합니다.

듣는 사람 입장에서 생각하는 호칭

처음 등장했을 때는 비하하는 말이 아니었지만 시간이 지나면서 차별하고 비하하는 뜻을 품게 된 용어는 장애인을 대상으로 하는 경우 말고도 많습니다. 예를 들어 '초딩'이란 말이 있지요. 처음엔 초등학생, 중학생, 고등학생 등을 지칭할 때 짧게 쓰려고 초딩, 중딩, 고딩이란 말을 썼어요. 그런데 시간이 지나면서 중딩이나 고딩과 달리 초딩이란 용어에는 '아직 어린' '철이 없는' 등의 의미가 들어가기 시작했습니다. "너 초딩이니?"라는 말이 대표적인 쓰임새죠. 그래서 초등학생들이 스스로 초딩이라고 하는 경우 외에 다른 사람이 초등학생에게 초딩이라고 하면 비하하는 의미가 전달되어 듣는 초등학생이 별로 기분이 좋지 않아요.

또 미혼 여성을 지칭하는 '아가씨'라는 말도 요즘엔 잘 쓰지 않습니다. 기혼 여성을 뜻하는 '아줌마'라는 말도 잘 쓰지 않죠. 여성에 대한 차별적 시선이 담겨 사용되는 경우가 많았고, 그래서 듣는 여성들이 싫어했기 때문이에요.

그런데 어떤 이들은 이렇게 말합니다. "이 말이 원래 비하하는 의미가 아니거든. 나도 그렇게 쓰는 거 아니고." 언뜻 듣기에는 맞는 말 같습니다. 하지만 이런 말을 하는 이들 대부분이 사실은 비하의 의미로 쓰고 싶은 속내를 드러내지 않는 것뿐이죠. 설사 진짜 저렇게 생각한다고 하더라도 이는 하나만 알고 둘은 모르는 거예요. 어떤 말이든 처음 등장했을 때 뜻이 어떠했는지보다 현재 어떤 식으로 쓰이고 있는지가 훨씬 중요하다는 건 상식 아닐까요?

가령 청각장애인에게 "청각장애인이시군요"라고 말하는 대신 "아, 귀머거리시네요"라고 했을 때 과연 듣는 당사자는 기분이 좋을까요? '기분 나쁘라는 의도가 아니었다'고 이야기하는 건 좋게 봐줘도 타인에 대한 배려가 없는 것이라고밖에는 볼 수 없죠.

용어에 대한 또 다른 문제도 있습니다. 어떤 이들은 장애인에게 '장애우'라고 지칭합니다. 하지만 이 용어에도 문제가 있어요. 처음 이 용어를 생각한 사람은 장애인이 아닌 것이 분명합니다. 장애인이 스스로 '친구'를 뜻하는 우友를 써서 '장애우'라고 칭

할 까닭이 없죠. 장애우라는 표현은 비장애인이 장애인을 지칭할 때만 가능합니다. 그래서 '장애우'는 장애인을 비장애인과 동등한 사회 구성원으로 보기보다는 배려해야 하는 사람으로 보는 차별적 시각을 품고 있는 용어이기도 합니다. '장애인'이란 용어가 있는데 굳이 '장애우'라고 할 필요가 없다는 말이에요.

언어는 시간이 지남에 따라 또 사람들 생각의 변화에 따라 세계를 바라보는 눈이 바뀌면서 그 쓰임이 계속 바뀝니다. 그리고 사람과 사람 사이의 관계는 언어를 통해 이루어지는 경우가 많죠. 내 입이 하는 말이 상대방의 귀에 어떻게 들리는지 조금만 더 생각하고 말해야 하는 이유입니다.

함께 생각해요!

상대를 배려하는 마음은 말을 통해 표현됩니다. 특히 잘못 발화된 호칭은 상대방의 기분을 상하게 할 뿐 아니라 인격까지 모독할 수 있어요. 시대가 변함에 따라 변화하는 언어에 대해 생각하고 이야기해 봅시다.

우리나라 장애인 비율은 대략 5% 정도 됩니다. 스무 명에 한 명 정도가 장애인이죠. 하지만 여러분 친구 중 장애인이 그 정도 되는지 따져 보면 고개가 갸웃거려집니다. 우리 학교 전체를 따져도 그 정도로 많진 않은 것 같거든요.

이유는 태어날 때부터 장애가 있는 경우는 굉장히 드물기 때문이에요. 살아가면서 장애를 얻는 경우가 몇십 배 더 많습니다. 그래서 초등학교나 중학교에는 아직 장애인이 드물지요. 특히 장애인 중 가장 높은 비율을 차지하는 지체장애의 경우 10대에는 1천 명에 한 명 정도로 아주 드뭅니다. 지체장애 다음으로 많은 청각장애나 기타 장애도 마찬가지로 10대에선 아주 드물죠.

10대의 경우 주변 또래에서 가장 많이 보는 장애인이 발달장애인입니다. 왜냐하면 발달장애는 태어날 때부터 가지는 경우가 대부분이어서 나이에 따른 차이가 적기 때문이에요. 그리고 발달장애인은 비교적 수명이 짧기 때문에 고령층에선 그 비율이 줄어듭니다. 발달장애는 200명당 한 명 정도인데 10대에서는 이

보다 좀 더 높게 나타나기도 합니다.

그동안 장애인에 대한 우리나라 사람들의 인식은 별로 좋지 않았습니다. 사회에서의 쓸모만 생각한 경우가 많았기 때문이죠. 물론 20세기 후반부터 점차 장애에 대한 인식이 개선되면서 현재는 많이 좋아진 측면이 없진 않아요. 하지만 아직도 부모 세대에는 장애인에 대한 비하나 차별이 존재하고, 이런 사회 분위기나 인식이 청소년에게도 나쁜 영향을 끼치고 있는 것이 사실입니다.

그래서 이 책에서는 청소년이 또래에서 가장 많이 접하는 발달장애인, 그중에서도 다수를 차지하는 자폐스펙트럼장애를 통해 장애인에 대한 우리의 생각을 되돌아볼 기회를 갖고자 했습니다. 이 책을 읽은 비자폐인 친구들은 자폐에 대해 잘 모르는 사실도 있었고, 미처 생각하지 못했던 부분도 많을 거예요. 이 책의 내용을 통해 자폐에 대해 한번 더 생각하면서 나와 달라서 느꼈던 불편함을 넘어 자폐인과 같이 삶을 꾸려 가는 마음을 품게 되면 좋겠습니다.

참고도서

《나는 감정이 없다고 생각했습니다》, 존 엘더 로비슨 지음, 이현정 옮김, 동아앰앤비, 2019.

《나는 그림으로 생각한다》, 템플 그랜딘 지음, 홍한별 옮김, 양철북, 2005.

《나는 자폐 아들을 둔 뇌과학자입니다》, 로렌츠 바그너 지음, 김태옥 옮김, 김영사, 2020.

《네모난 못》, 폴 콜린스 지음, 홍한별 옮김, 양철북, 2006.

《뇌와 자폐》, 전수민 지음, 북랩, 2019.

《뉴로트라이브》, 스티브 실버만 지음, 강병철 옮김, 알마, 2018.

《루돌프 코는 정말 놀라운 코》, 고윤주 지음, 궁리, 2020.

《마음의 속도》, 한수희·박미영 지음, 마루비, 2017.

《문을 여는 첫 번째 사람》, 아서 플라이슈만·칼리 플라이슈만 지음, 김보영 옮김, 씨드북, 2019.

《발달장애인의 국가책임복지를 주장하다》, 정병록·심상욱 지음, 부크크, 2018.

《사양합니다, 동네 바보 형이라는 말》, 류승연 지음, 푸른숲, 2018.

《아스퍼걸》, 루디 시몬 지음, 이윤정 옮김, 마고북스, 2020.

《아하! 통합학급 문제행동》, 전선주 외 지음, 학지사, 2011.

《어느 자폐인 이야기》, 템플 그랜딘 지음, 박경희 옮김, 김영사, 2011.

《우근이가 사라졌다》, 송주한 지음, 한울림스페셜, 2018.

《자폐 범주성 장애》, 리처드 심슨 외 지음, 이소현 옮김, 시그마프레스, 2005.

《자폐 스펙트럼》, 혼다 히데오 지음, 이윤정 옮김, 마고북스, 2022.

《자폐 아들과 아빠의 작은 승리》, 아봉 루아 지금, 김현아 옮김, 한울림스페셜, 2018.

《자폐 어린이가 꼭 알려주고 싶은 열 가지》, 엘런 노트봄 지음, 신홍민 옮김, 한울림스페셜, 2016.

《자폐를 겪는 아이들》, 성민 지음, 문희경 옮김, 즐거운상상, 2009.

《자폐스펙트럼장애 A to Z》, 양문봉·신석호 지음, 시그마프레스, 2016.

《자폐스펙트럼장애의 이해》, 이승희 지음, 학지사, 2015.

《자폐의 거의 모든 역사》, 존 돈반·캐런 주커 지음, 강병철 옮김, 꿈꿀자유, 2021.

《장애학의 오늘을 말하다》, 콜린 반스 외 지음, 김도현 옮김, 그린비, 2017.

《틀렸다고도 할 수 없는》, 폴 콜린스 지음, 홍한별 옮김, 양철북, 2019.